音盤の来歴

針を落とす日々

榎本空

晶文社

装幀　有山達也＋大野真琴（アリヤマデザインストア）
装画　ワタナベケンイチ

おばあちゃんとおじいちゃんへ
次はいつ会えるだろう

はじめに

音楽は小さい頃から好きだった。麦わら帽子の形をしたこの島で暮らしていたときから。父がビートルズを教えてくれた。『イエロー・サブマリン』のアニメなら、何度見たかわからない。ちょっと不気味な、めくるめく万華鏡の世界。今でも、床に置かれたテレビの画面からあのアニメが流れているのを床に座って見ていたときの記憶には、ぼんやりとした色がついている。ビートルズのアルバムはどれも好きだ。もちろんそれは、アイスクリームならどれも好きだと言うような、内実の伴わないナンセンスな言葉かもしれないけど。

この島には高校がなかったから――そしてCD屋も、さらに言うなら本屋も――、中学卒業を期に島を離れることになった。他の八十名ほどの同級生とともに、でも沖縄を離れたのはわたし一人だった。内地の高校の入学式に出るため空港まで向かっていた最中、高速道路のサービスエリアで父がジョン・レノンのベストアルバムを買ってきた。道中のカーステレオからはジョンの乾いた声が響いていて、別れ際に父がそのCDを手渡してくれた。それ以来、島根の全寮制の高校で過ごした数年間、ジョン・レノンがわたしのアイドルになった。髪を伸ばして、「イマジン」ばかりを口ずさんでいた。

自分で音楽をディグしていくことの喜びを知ったのは、細野晴臣の音楽に出会ってからだと思う。大学生の頃だった。まだストリーミング以前の、レンタルCD全盛の時代で、わたしも暇さえあればCDを借りてきて、せっせとパソコンに入れていた。東京までおもむくことがあれば渋谷のTSUTAYAと御茶ノ水のジャニス、大阪に出ることがあればK2レコード。何十枚ものCDがパソコンに十、九、八、七と呑み込まれていくのをかくれんぼしている子どもみたいにカウントダウンしながら見ていたのだから、よほど時間があったのだろう。いつからか音楽を聴くことと蒐集することが切り離せなくなった。

二〇一三年の冬に台湾に渡り、その翌年の夏にアメリカへ。カリフォルニア州のバークレーで一年、それからマンハッタンで二年過ごした間は、公共図書館にずいぶんお世話になった。CDが無料で借り放題だったからだ。地域の公共図書館はあらかた行き尽くしてしまった。

そうやって集めた何万という曲たちも、ストリーミングサイトに加入してからはさっぱり聴かなくなった。ストリーミングにはどれだけ手間暇かけても到底集めきれないほどの数の曲が眠っていたから、必要がなくなってしまったのだ。その代わりにレコードを集めるようになった。二〇一七年の夏から住み始めたノースカロライナ州のチャペルヒルや、その隣のカーボロという小さな街でのことだ。

ノースカロライナで過ごして五年後、ほぼ二十年ぶりにこの島に帰ってきて、アメリカで集めたレコードのジャケットに目をこらしながら、この本を書いている。レコードが記憶を運んできてくれた。もちろん忘れてしまったことも多い。警報が出て、スーパーから水や食料が消えてしまったハリケーンの夜に、ガタガタ揺れる窓のそばでどうしてボブ・ディランのレコードを聴いたのかとか、キティ・デイジー&ルイスのファーストアルバムを見つけたのはどこのレコード屋だったのかとか、リアノン・ギデンズのセカンドアルバムを聴いたのはストリーミングが最初だったか、それともレコードが最初だったかとか、ニーナ・シモンの『ブラック・ゴールド』をいつものレコード屋で見つけて、一晩逡巡した挙句、やっぱり手に入れなければと翌日再びレコード屋を訪れたとき、そのレコードが忽然と姿を消してしまっていた日の太陽の眩しさのこととか。でも、すべてを覚えていれば、ボルヘスの短編に出てくるイレネオ・フネスではないけれど、――落馬事故を機にあらゆる出来事を記憶してしまうようになったフネスの記憶は、ごみ捨て場みたいになってしまったという――、この本は形をなさなかっただろう。たくさんのことを忘れてしまって、そんな砂の数ほどの忘却に縁取られた記憶がこの本になった。

二〇二二年、この島の、昔住んでいたヤモリの多い家にフィールドワークのために帰ってきてから、思い出すこともある。たとえば、暗がりの寝室で母が寝る前に歌ってくれた子守唄のこととか。

ちいさいこどもが　ねむるとき
かわいいほしは　めをさます
ほしがおめめをさましたら
てんのつかいよ　きてください

ちいさいこどもが　さめるとき
かわいいほしは　めをとざす
ほしがおめめをとざしても
てんのつかいよ　いてください

わたしにとっては太古とも言えるような、いちばん昔の記憶にも、音楽が響いていて独りではないと教えてくれる。そんな記憶よりも大切な記憶があるだろうか。
音楽が記憶を連れてくる。それとも音楽と記憶の境目は、この島の秋と冬の変わり目が判然としないように溶け合っているのだろうか。そんな季節、かなたに真っ赤な夕陽が落ちるとき、水平線を塗り潰してしまうオレンジのうちで混じり合う海と空の境目のように。レコードプレイヤーのトーンアームをそっと落とせば、亡霊のような過去はいつでもわたしたちのすぐそばに現れる。今までずっとここで雨がやむのを待っていましたという顔をして。

ジリッと音がして、音楽が始まる。

音盤の来歴　目次

はじめに　4

side A

side B

side A

アラン・トゥーサンと過去をかたわらに寄せることの勇気について

ここでレコードを買うのはこれきりにしよう。そう心に決めて、わたしはレコード屋の重たいガラス戸を引っ張った。レコード屋に入るのに心を決めないといけないなんてなんとも大仰であるが、そうでもしなければ、わたしはまたこの扉を引くための言い訳をどこからかひねり出してしまうに違いない。そんなとき、わたしの頭は信じられないくらいよく回り出す。そういえば牛乳が切れていたっけ。子どもたちの昼寝ついでにドライブはどうだろう。それとも公園に連れて行こうか。あそこに新しいアイスクリーム屋さんができたっけ。そうして結局、掃除終わりのルンバくんが少なくとも十回のうち八回は自らの丸い身体を寸分違わず充電器にセットしてくれるように、最終的な目的地はレコード屋になってしまう。

もっとも、二〇二二年の六月、アメリカ南部の片田舎から日本への帰国を控えていたわたしには、ここを訪れるのをこれで最後にしなければならない物理的で、かつ必然的な理由があった。あと一週間もすれば、リビングの一角を占領している段ボールの山を、引っ越し業者が回収に来るのだ。娘たちのおもちゃ、食器やキッチン用品、家族四人分の服などを詰め込んだ段ボール、三十箱。それだけ書けば格好もつくのだろうが、そんな生活必需品は半分ほどで、残りの十五箱は、わたしがアメリカにいた八年の間に集めてきた本とレコードだった。

日本語の本はまた日本で買えばいい、レコードはなかなか手に入らないだろうから、送ったら？　パートナーのもこの一言に背中を押されたわたしは、日本語の本をスリフトショップ——キリスト教の慈善団体が運営しているリサイクルショップのことだ、あの大量の日本語の本はどうなっただろうか、誰か買い手があらわれただろうか、それとも何年も、何十年もおいてあるような古びたリサイクルショップの商品に今もまぎれているだろうか——で引き取ってもらった後で、すでにレコードできゅうきゅうになった段ボールの隙間になんとか最後の、記念の一枚を押し込むべく、張り切っていつものレコード屋に二〇〇五年型のダークグレイのアコードを走らせたのだ。

家から車で十分ほどのレコード屋は、ノースカロライナ州のカーボロという大学街にあった。もともと紡績を中心とした労働者の街だったカーボロは、隣町のチャペルヒルの公立大学の発展とともにアメリカ南部でも指折りのリベラルな街として変貌し、一九九五年には保守的な傾向の強いノースカロライナ州で初めてゲイの市長を当選させている。街の中心には、市民で運営されるオーガニックスーパーがあり、週末には地域の農家やショップが出店するファーマーズマーケットが開かれる、そんなアメリカン・リベラル――往々にして白人中心主義的でインクルージョンはあっても革命は少ないそれもまた問題を含んでいる――を体現したような街だ。メインストリートに面するそのレコード屋も例に漏れず、レインボーやブラック・ライヴズ・マター、また All Are Welcome（どなたでも歓迎します）などとあしらわれたステッカーが、通り沿いのガラス窓にベタベタと貼り付けてあり、そこが誰にとっても安全な場所だということを教えている。わざわざそんな当然の主張をしなければならないのがブラック・ライヴズ・マター運動、そしてトランプを経たあのときのアメリカで、ノースカロライナに越してきた二〇一七年の夏以来、すぐにそのレンガ造りの小さなレコード屋はわたしのお気に入りになった。

階段を一段上がって、少し奥にあるガラス戸を引くと、どこかで聴いたような声が店内に響いていた。俺のベイビーはいっつも最高なんだ、と歌うあの歌が。

Ain't nothin' wrong with my baby
No no, that a little lovin'

Couldn't work it out, yeah
Ain't nothin' wrong with my baby
Mm hm, that a little lovin'
Couldn't work it out

この艶っぽく、しかし頼りなげな声は、アラン・トゥーサンじゃないか！　店内に足を踏み入れた瞬間わたしはそう思って、どきどきしながら薄暗いカウンターの向こうに立つ店員に話しかけた。彼とは、店に行くたびにカウンター越しに立ち話をするくらいには仲が良かった。子どもが同時期に生まれていて、どこのストローラーがいいとか、もう寝返りはしたかとか、はいはいはまだかとか色々情報交換していたし、なにより彼は無類のシティポップ好きだった。シティポップの静かな熱狂は、アメリカ南部の、成田空港から飛行機を一回乗り継いで、そのあと車で三十分という距離を隔てた小さなレコード屋まで届いていたというわけだ。

これって、アラン・トゥーサンだよね。そうだよと、くるくるとカールした短い赤毛がよく目立つ店員——仮にここではポールとしておこう——は頷いて、空のジャケットを見せてくれた。

『ライフ・ラヴ&フェイス』。一九七二年に発売されたトゥーサンの三作目のソロアルバムである。寡作な彼の代表作といえば、この三年後に出た傑作『サザン・ナイツ』と相場は決まっているわけで、わたしも正直なところ『ライフ・ラヴ&フェイス』はよく聴いたことはなかった。しかし、その音はまぎれもなくトゥーサンのそれであり、ミーターズの演奏がトゥーサンの声をどっしりと支えている。いやむしろ、過剰にスウィートで――表題曲の「サザン・ナイツ」の過剰にエコーがかった音はどうしても気になってしまう――、あの時代の音をよくも悪くも反映している『サザン・ナイツ』よりもファンキーで、リズムが太い。

狭い店内に大音量で響くグルーヴに身をゆだねていると、身体の端々が自然と動き出す。これはきっといい音楽だ、そう自分の身体を理由もなく信頼してしまう。

これ、いくらだろう。わたしは思わず尋ねていた。六十ドルなんだ。ポールの申し訳なさそうな答えに、現在のレコード市場を取り巻く資本主義の現実をまざまざと突きつけられたわたしは、ジョージ・ポーターJr.のねばりつくようなベースの音を背中にびしびしと感じながらおずおずとしゃがみ込み、床に並べられた埃っぽい木箱に入った激安ジャンクレコードの束に向き合った。

＊＊＊

アラン・トゥーサンを知ったのは、まだ日本にいた二〇一〇年ごろだった。プロデューサーのジョー・ヘンリーが手がけた作品を、片っ端から聴いていた時期がある。アーロン・ネビルもボニー・レイットも、ビリー・ブラッグもモーズ・アリソンも、ランブリン・ジャック・エリオットも。みんな、ジョー・ヘンリーがプロデュースした作品を通して知った。かつて一時代を築いた名うてのミュージシャンの晩年に寄り添い、かれらに過去との——それはかれら自身の過去であり、同時により大きな音楽共同体の過去なのであろうが——対話を促すようなジョー・ヘンリーの手法が、わたしはとても好きだった。

そんなジョー・ヘンリーが手掛けた作品の中でもとびきり輝きを放っていたのが、アラン・トゥーサンが古いジャズのスタンダードに取り組んだ『ザ・ブライト・ミシシッピ』というアルバムだった。冒頭を飾るのはシドニー・ベシェの「エジプトの幻想」。ドスンッというドラムの音を合図に、パッパラー、パーラパパーパー、パッパラーパラララと続くニコラス・ペイトンのトランペット。そこにベースのダンッダダダンッダというあの有名なリフがなだれこむ。ここまで聴けば、このアルバムが名盤であることは確定したようなものだ。わたしはエジプトの幻想を見て、行ったこともないニューオリンズの街を闊歩する音楽隊の葬列に自分もまた、歩をともにしているような気がした。

そしてもちろんアラン・トゥーサンのピアノ。エレガントとは、ニューヨーク・タイムズ紙でのベン・ラトリフやNPRでのミロ・マイルズのレビューを引くまでもなく、彼のピアノを形容して使われるお決まりの文句だが、やはりわたしもエレガントだと思ってしまう。きらびやかで、洗練された鋭角のうつくしさ。なんの苦もなく指先がピアノの上を滑っていくのが見えるような。あらゆるものから解き放たれて、重力も、時間も、歴史も、自分を縛りつけようとするものは何もかもなくなってしまったみたいに。

同時に、ニューオリンズのショットガンハウスで育ち、プロフェッサー・ロングヘアをアイドルに、ブギウギやゴスペルの英才教育を受けたトゥーサンは、地上にも根ざしている。ニューオリンズの多彩なリズムの饗宴に包まれた少しの遊び心と哀しみ、死の香り、そして失われていったものたちへのどうしようもない思慕、つまりブルーズが、彼の音楽に鉛のような重量を与える。それがアラン・トゥーサン、リズム&ブルーズの巨人。ミスター・ニューオリンズ。

このアルバムと出会って以来、ニューオリンズはいつか行かなければならない街となり、アラン・トゥーサンはいつか同じ空間で聴かなければならないアーティストの一人となった。

＊＊＊

ニューオリンズは、いまだ未踏の憧れの地であり続けている。けれど、アラン・トゥーサンのライブは幸運なことに、二〇一四年の秋、サンフランシスコで目撃することができた。再開発地区のヘイズバレーにオープンしたばかりだった、SF Jazzという収容人数七〇〇人程度のモダンなライブ会場。しかも、ニューオリンズを代表するプリザベーション・ホール・ジャズ・バンドとの貴重な共演だという。その頃わたしはバークレーの神学校に通っていて、知り合いになった日本人の友人がSF Jazzで音響エンジニアの仕事をしているのをいいことに、この機会を逃したら一生後悔すると、頼み込んで格安のチケットを譲ってもらったのだった。

満員の会場。こぢんまりとしたホールだが、ステージを扇型に囲う席はゆったりとスペースがとってあって、しかも勾配がしっかりとあるから、どこに座ってもアーティストを近くに感じることができる。照明を浴びてきらきらと輝く銀色のスーツに身を包んだトゥーサンが一人、舞台袖から現れる。グレイのアフロ、一糸乱れぬムスタッチ、ぎょろりとした瞳。わたしの想像していた通りの彼だ。

トゥーサンは、万雷の拍手で迎える観客に向かって手を合わせ、礼を一つして、ピアノ椅子に座る。わたしの席からは彼のこんもりとした背中がよく見えた。両手がピアノを撫でる。ンチャッ、ンチャッという軽快なリズムに、トゥーサンの歌声が加わった。

袖からチューバ、クラリネット、トランペット、ドラムスにベース、プリザベーション・ホール・ジャズ・バンドの面々がゆっくりと登場する。トゥーサンがドラムを呼び込めば、ドラムがタンッと乾いた音を立て、次にブラスを呼べばブオッとチューバの気の抜けた音が響く。それから全ての楽器が堰を切って、あのニューオリンズの骨の髄を打ちつけるような、ドカドカとした混沌が会場を支配した。

プリザベーション・ホール・ジャズ・バンド！　トゥーサンが呼びかけると、セイ・イット・アゲイン！　バンドの面々が叫び返す。これだ、この音を聴きたかったのだ。そう思ったときには、すでに腹の底から込み上げてくるものがあって、果たしてこの音楽のどこに、そんな人間の根幹を揺り動かすような力があるのだろうかと、わたしは一瞬思い巡らした。

＊＊＊

今思えば、舞台の上のかれらは、二〇〇五年、ニューオリンズを襲い、その土地の八割いを水没させたハリケーン・カトリーナを経験していて、それから十年近く経とうとしていたあの瞬間も、やはり喪失が会場をうっすらと覆っていたのだろう。カトリーナで家とスタジオを失ったトゥーサンは、ニューヨークに移り住み、ジョーズ・パブで定期的に公演しながらパフォーマーとしての自分を再発見したという。

『ザ・ブライト・ミシシッピ』というアルバムは、いなくなっていった不本意な死者たち——ルイジアナ州だけで千五百名もの死者が出た——、そして構造的な理由から特に被害の大きかったクレオールや黒人共同体への鎮魂であったろうし、同時に、カトリーナ以前の、もはや再現不可能となった共同体の姿を、カタストロフの残余を拾い集め、音楽というミディアムを通して想像し直す行為だったのではないか。架空の故郷を音楽に仮託して。そのような意味において、あのアルバムはカトリーナ後というときを、最良の形で、しかも暗喩として表象している。

そういえば、ことカトリーナについて言えば、トゥーサンのアルバムとも不思議と響き合う、ジェスミン・ウォードの『骨を引き上げろ』の、こんな言葉を思い出す。

黒い湾と塩に焼かれた大地を残して、カトリーナは去っていった。生き永らえたわたしたちは這うことを学び、残されたものを拾いあさる。母なるカトリーナを、わたしたちはけっして忘れないだろう。情け容赦のない巨大な手をした次なる母が、ふたたび血を求めてやってくるまで。

「けっして忘れない」、いや忘れ得ないものを、あの舞台上のニューオリンズの音楽家たちは、ひとときの音楽の瞬間、きっとかたわらに寄せていたのだと思う。

巨大なチューバを身体に巻きつけた大男は、汗を吹き出しながら踊り、その背丈を超えようかというウッドベースを支える小柄なベーシストの右手は、弦の上を生きのいい魚のように跳ねている。老齢のクラリネット奏者——チャーリー・ガブリエルだ——は、時折呼吸を苦しそうに、しかしまた己の息吹を、まさに身を削るようにしてぶぉっと楽器に吹き込む。そしてその全てにエレガントな調和をもたらすコンダクターのトゥーサン。あの場にあったのは、過去でもなく、未来でもなく、今という瞬間の分厚さと重量だけで、しかしそれゆえにこそ、そこには過去も未来も見逃し得ない形で含まれていた。わたしは、忘れられぬものをかたわらに寄せることの勇気を思う。

アラン・トゥーサンは、二〇一五年十一月十日、マドリードでの公演後に心臓発作で亡くなった。

＊＊＊

さて、ここは再びカーボロのレコードショップ。いつのまにかトゥーサンのレコードはB面にひっくり返っていて――「ソウル・シスター」、「フィンガーズ・アンド・トーズ」、「アイヴ・ガットゥ・コンヴィンス・マイセルフ」までの流れなど極上ではないか！――、わたしはまだしゃがみ込んで、ジャンクの箱を漁っていた。一枚のつもりが二枚に、二枚のつもりが三枚にというのはよくあることで、最後の一枚と心に決めてきたはずのわたしの手には、レコードが重ねられていく。ヴァン・モリソンに、ランディー・ニューマン、そしてニルソンと定番の安レコードを埃っぽい木箱から拾い上げて、わたしはひとまず満足していた。完璧とはいかないものの、最後のレコードとしては上出来だろう。

レジに向かうと赤毛のポールが待っていて、立ち話の続きをする。

やっぱりアラン・トゥーサン、かっこいいよね、とわたし。

アメリカでも最近は知ってる人が少なくなった。ポールが答える。ザ・バンドもローリング・ストーンズも、トゥーサン抜きには語れないのに、と彼は続ける。

でも六十ドルは、いくらなんでもちょっと手が出ない。わたしは思わずつぶやいてしまう。

最近のレコードの値段は常軌を逸してるから、と愚痴る彼。レコードストアデイなんて、結局儲かってるのは大手のレコード屋ばかりだ。こういうインディペンデントのストアは、どこも苦労してる。

わたしは苦笑いで同意を示し、大変だねと言ってから、そういえばと思い立った。

今月末、日本に帰国する予定でね。多分ここに来るのは、これが最後になると思う。この場所があったおかげで、僕のノースカロライナでの生活は随分豊かになった。

ここは大学街。人はいつのまにかいなくなり、代わりの誰かがやってくる。人の出入りは激しくて、別れはコーラの空き缶みたいにそこらに転がっている。

ポールも特段驚かず、寂しくなるよと一言。もし日本に買い付けに来ることがあったら、連絡して。なんて言ってみるけれど、きっとわたしたちが会うことはもうないだろう。

四十ドル。

カウンターの向こうでポールが言うのが聞こえた。

トゥーサンのアルバム、四十ドルでいいよ。

えっ、本当？　わたしは聞き返す。

もちろん！　知らない誰かに六十ドルで売るよりは、四十ドルでも友人に買ってもらった方がいい。そう言いながら、ポールはもうレコードを止めて、内袋に入れてくれている。

ポールの厚意に一も二もなく甘えたわたしは、手持ちの三枚を木箱に返し、これでもう思い残すことは何もないと『ライフ・ラヴ&フェイス』を片手に店を出たのだった。最後の一枚に、これほどふさわしいアルバムがあるだろうか。ノースカロライナの青と白をちょうど均等に混ぜ合わせたような空は、いつにも増して透き通って見えた。

そうそう、あのレコードはというと、まだ太平洋のどこかを、引っ越しの荷物にまぎれて、優美にぷかぷかと揺られている。

ライ・クーダーとチャイナタウンのアパートの屋上から見えた月

ヴァイナル化されれば、もしそれで一日、二日の空腹を我慢せねばならなくなったとしても、迷わず買ってしまうCD時代のアルバムはきっと誰にでもあるだろう。その中でも、わたしが一際ヴァイナル化を心待ちにするのは、ライ・クーダーの『マイ・ネーム・イズ・バディ』という二〇〇七年のアルバムだ。放浪の赤猫バディを主人公に、大恐慌時代のアメリカを描いたコンセプトアルバムで、バディとともに旅をするのは、筋金入りの労働組合員のネズミに、盲目でゴスペルを歌うヒキガエル牧師——クー・クラックス・クランに家を追われたという——と、ガーディアン紙のティム・アダムスのレビューによれば「極めて突飛な三匹」となる。この三匹でレコーディングされたという設定のこのアルバムは、深刻で重たいテーマとは裏腹に、カントリーミュージックを基調としたご機嫌なナンバーが並んでいる。

『マイ・ネーム・イズ・バディ』を知ったのは、まだ日本にいた頃、細野晴臣の深夜のラジオがきっかけだった。と言っても、遅くまでラジオにかじり付いていたわけではない。深夜のラジオに憧れて、何度か試みたこともあったけれど、細野晴臣のボソボソとした声を夜深くに聞いていると、どうにも抗い難い眠気が襲ってくる。気づいたときには、エンディングの「ザ・ソング・イズ・エンディッド」が夢のような旋律を奏でていて、わたしはしまったと思いながら、同じ曲に見送られて自分の夢の中に戻る。夢とうつつの境目をさまよって、しまいにどちらがどちらであるのかわからなくなる。寝不足にめっぽう弱く、甲斐性のないわたしは、ラジオをリアルタイムで聴くことは早々に諦めてしまって、録音で彼のラジオを聴くようになった。まったくラジオへの忠誠という言葉からは程遠い、不出来、不真面目なリスナーだった。

あるときそのラジオで、ライ・クーダーのアルバムが紹介された。今調べてみると二〇〇七年三月十九日の放送とある。もちろん実際に聴いたのは、それから少しあとのこと。久しぶりの新譜ということで、細野晴臣の声はいつもより弾んでいた。そんな声色だけで、このライ・クーダーという音楽家は並の人物ではないなと勝手に了解したわたしは、真っ昼間に流れる深夜のラジオに耳をそばだてた。

そこで紹介されたのは、「スーツケース・イン・マイ・ハンド」というアルバムの冒頭の曲だった。この曲が抜群に好みだった。クラシックなカントリーといえばカントリーなのだけれど、単純な懐古趣味ではないタイトで洗練された演奏は、どこかに過剰を含んでいて、それが安易なジャンル分けを拒んでいた。後になって彼の特異な音楽変遷を学んだわたしは、その過剰の正体を、たとえば偏屈で権威づけられた国家主義の対極に位置する越境性や雑多性、放浪・ブルーズ的精神、辺境への眼差しといった言葉とともにひとまず理解するのだが、初めてライ・クーダーの音楽を経験したあのときのわたしは、ただただ曲に圧倒され、そして夢中になった。これが、少しばかり遅れた――その後、子どもの頃に父が見せてくれたブエナ・ビスタ・ソシアル・クラブのドキュメンタリー映画を思い出し、あのときの！　となったのだが――、わたしのライ・クーダー体験の始まりだった。

＊＊＊

ライ・クーダーのレコードは、二〇一四年にアメリカに来て以来、そして特にノースカロライナに引っ越してから、ちょこちょこと買い集めてきた。「FDR・イン・トリニダード」というわたしの大好きな曲が入っている『紫の峡谷』（一九七二年）や初期の名作『流れ者の物語』、クーダー流に戦前のアメリカン・ジャズを再解釈した『ジャズ』（一九七八年)、当時の喜納昌吉《きなしょうきち》ら沖縄のミュージシャンとの交流の痕跡が残る『ボーダーライン』(一九八〇年)などは、地元のレコード屋で——あのカーボロのレコード屋だ——一ドルや二ドルで投げ売られていて、集めるのは難しくなかった。

もちろん値段相応にジャケットにレコード形のリング焼けができていたり、落書きがあったり、レコード盤に傷が入っていたり、たった今まで鬱々とした倉庫の中で眠っていたところを無理やり引っ張り出されたというように状態は散々なものがほとんどだった。それでも中には比較的綺麗なものもあって、少々の傷や汚れはこれがレコードの醍醐味なのだからと強がって、掘り出し物を見つけては、埃を払い、レコード棚に加えていくのが楽しみだった。

もちろん地元の小さな中古レコード屋では見つからない人気の高い作品もいくつかあったし、今でも見つけられていないライ・クーダーのアルバムもある。それらはその土地々々のレコード屋を訪れるたびに、別に血眼になって探すわけではないけれど、パタパタとレコードの束をめくる手をとっさに止められるくらいには、頭の片隅に留めておく。

一九七四年の『パラダイス・アンド・ランチ』という黄色い名盤は、そうやって見つけた。二〇一八年六月八日だった。なぜ日にちまで正確に覚えているかというと、その日はライ・クーダーのコンサートが、マンハッタンのタイムズスクエアからすぐのタウン・ホールで開かれることになっていて、それに合わせてノースカロライナからニューヨークに飛んだからだ。コンサートのためだけにあんなにも長い距離を旅行をしたのは、後にも先にもあのときだけ。多少の無理も致し方ないと思えるくらい、ライ・クーダーは特別なミュージシャンだった。

ニューアーク・リバティ国際空港からニュージャージートランジットでペンステーションまで移動して、昼過ぎ。コンサートは夜八時からだから、時間はたっぷりある。何をしようか。もちろん目的地は決まっている。レコード屋だ。

目的のレコード屋は、イーストヴィレッジにあった。かつてチャーリー・パーカーが住んでいた家は、公園を挟んですぐだという。一九六五年、マルコムX暗殺を機にハーレムに移るまで、イーストヴィレッジに拠点のあった詩人のアミリ・バラカが、モンクやコルトレーン、セシル・テイラーのライブに毎晩のように通ったのも、このあたり。そういえば、Bang Bang Outishlyというバラカがセロニアス・モンクに捧げた詩があった。バン、ボーン、バン、ボーン、バン、ボーンと繰り返されるジャズについての詩。そんな歴史は過去に退いて、曇り空の下、わたしは小綺麗な街を辿っている。

赤茶色のアパートメントが並ぶ先に、レコード屋はあった。店から突き出たオーニングに、店名が大きく記されている。中央の入り口の左右には、簡易の長テーブルが一つずつ置いてあって、その上のコンテナにレコードがぎっしりとつまっている。きっとジャンク品に違いない。中を覗きたい誘惑に駆られたけれども、ここはいつでも来ることができるような普段使いのレコード屋ではない。きっともうしばらく来ることはないだろうし、それどころかこれっきりになる可能性だって高い。ならばジャンクレコードにかまけてなんかいないで、とっておきの一枚を見つけよう。そう判断してわたしは、コンテナ内のレコードをやり過ごし、店内に入った。

入ってすぐ右、レコードが山と積まれたカウンター奥にドスンと構える、強面の髭を蓄えたおじさんに会釈して、細長い店内を見渡す。暖かいオレンジの色をした店の中には、チラホラと多様な肌の色をした人の姿があって、背中を丸め、俯き加減にレコードをパタパタとやっている。普段なら新入荷のレコード棚から見ていくところだが、ここは初めてのレコード店。新入荷も、そうでない商品も、一見さんのわたしにはあまり関係がない。それならば順当に、ロック・ポップスの棚から順番に見ていこう。

A…B…そしてCまで来たとき、チラりと見えたのはCooderという名札の向こうにある黄色のジャケットだった。まさか！　これはもしかして！　と思って、レコードを引き出してみると、やはり『パラダイス・アンド・ランチ』。わたしは小躍りしたいような気持ちだった。いや、たぶん小躍りしていたのだろう。値段は二十五ドルくらいで、普段なら躊躇してしまうような価格だったのだが、「これを逃したら」という出処不明の気持ちがモクモクと湧いてきて、わたしはカーボーイハット姿のライ・クーダーを脇に抱えて、カウンターに向かっていた。強面のおじさんが、レジに置かれた『パラダイス・アンド・ランチ』を見て、いいアルバムを見つけたなと微笑んでくれたように覚えているのは、記憶違いだろうか。実際は、無愛想に聞かれただけだったかもしれない。袋は？　いる？　いらない？　あっ、お願いします。

レコード屋での滞在が予想よりも短くなったわたしは、夜のコンサートまでの間、お土産のベーグルを買ったり、コーヒーを飲んだりして、ニューヨークの街をぶらぶらとさまよった。

＊＊＊

コンサートは無事終わり、その夜泊めてもらったのは、ケイ君という友人の部屋だった。コンサートが期待外れだったというわけではもちろんないが——当時の最新作だった『ザ・プロディガル・サン』からの楽曲を中心に組まれた一生物のライブだった——、あの日のことを思い出そうとすると、ケイ君のやさしそうな、でも眉間に皺を寄せて、この世界にどうしようもなく困惑しているような表情が浮かんできてしまう。人類学者のマルク・オジェが書いたように、記憶し、忘れるとは、ガーデニングをするようなことなのだろう。記憶とは植物と一緒で、何かを覚えようと思ったら、何かを剪定《せんてい》しなければならない。覚えるためには、忘れなければならない。そうしたほとんど無意識の選別を経て、記憶のかたちが立ち上がる。「すべてを記憶しておくことはできないが、すべてを忘れることもできない」のだ。

ケイ君は、わたしがニューヨークに住んでいた頃、教会で知り合った。まだ二十歳くらいの長髪の日系青年だった。スタンダップコメディをやると言って、生まれ育った西海岸から、専門学校を辞めて半ば家出同然にマンハッタンにやってきた彼は、ホームレスのシェルターで暮らしていたのだが、彼の身を案じた日本人の母親の伝手で、マンハッタンの日系教会に通うようになった。わたしはその教会で働いていて、まるで弟みたいなケイ君と、知らぬまに仲良くなった。

彼は、その年齢特有の不安定さを備えていて、同時に、彼が属していたであろう容赦のないニューヨークの社会にあっては、少々素直で純朴すぎるようなところがあったので、周りの人びとをよく心配させた。

どこかのスーパーでアルバイトを見つけてきたときも、嫌な上司にいびられたとかですぐに辞めて、数ヶ月、行方知れずになった。それから何事もなかったかのように再び教会に現れて、よくよく聞いてみるとシェルターに転がり込んでいたという。そこでわずかな所持品と現金を盗まれた彼は、教会の他に行くあてがなかったのだ。

あるときは大家と揉め事を起こし、部屋を失い、しばらく教会の会堂裏にある穴倉のような荷物部屋にマットレスを敷いて寝泊まりしていた。そしてまたフラッといなくなり、今度は、スケートボードで転んだとかで、顔と腕に大きな傷をつけて教会に戻ってくる。

そんなことがある度に、わたしは心の中で、きっと西海岸に戻った方がケイ君にとっても、彼の母親にとってもいいのだろうと思うのだが、彼が決して話そうとはしなかった、その瞳の奥に見え隠れする孤独の正体を想像すると、簡単なことは言えず、きっとマンハッタンの街で気の済むまで彼のやりたいことをやるべきなのだと思い直すのだった。

ライブの後、チャイナタウン付近の地下鉄の駅でケイ君と合流した。半年ぶりに会うケイ君は、文字通り困っていた。

よう、空。鍵なくて困ってるさいちゅうなんだよ。

ケイ君は、ダボッとした黒いズボンのポケットをいじっている。彼の母語はカリフォルニア英語で、日本語はぎこちない。でもそれは、ケイ君いわくGoogle翻訳みたいなわたしの英語よりは格段に会話になったから、わたしたちの会話はほとんどが日本語だった。

それは困ったね。どこでなくしたか覚えてないの？

覚えてないんだよ。そう言いながらも、ケイ君はやっぱり眉間に皺を寄せて、うーんと唸っている。ケイ君が全然変わっていないことに、わたしは安堵する。

歩きながら考えたら？　そう提案して、わたしたちは彼のアパートへと向かった。

アパートは、チャイナタウンの外れにあった。細い建物の黒いドア一面に、カラフルなスプレーで大雑把な落書きがしてある。結局、鍵は見つからなかった。しばらくドアの前で時間を潰し、偶然やってきたアパートの住人と一緒に中に入れてもらう。薄暗いホールに、汗や尿の匂いの染み付いた階段があって、二階まで上がる。ふとんガチないかも。トイレの鏡もない。大家のおばはんマジウザい。階段を登りながら、ケイ君は歌うようにしゃべっている。

ケイ君の部屋は、簡易ベッドがぽつんと置かれた、窓のない狭い部屋だった。床には、行き場を失った鞄や服や靴が散乱していて、ザラザラとした砂利の感触がする。同じ部屋の奥からは、ラテン系の英語で、電話越しにけんか中なのかルームメイトの怒鳴り声が聞こえる。ごゆっくり。ケイ君は、そう言ってバスタオルを差し出してくれた。

ケイ君は、この部屋でどうやって息をするんだろうか。四方を壁に囲まれた、ジェイムズ・ボールドウィンの言葉を借りるなら「閉所恐怖症のような」部屋で、わたしは思った。それともここは、彼がその奮闘の末、ようやく手に入れた安息の地なのだろうか。染みの付いた天井を見上げながら、ここではないどこかの故郷を想像してしまわないだろうか。帰りたくなってしまわないだろうか。それとも、そんなことなど思う間も無く、疲れた身体を引きずって、この薄いマットの上で眠るのだろうか。

あの夜ケイ君は、狭い部屋から抜け出すように、わたしをアパートの屋上に案内してくれた。マンハッタンの夜景がまるで自分の部屋に飾ったパズルのように広がっていて、手に届きそうな三日月が空には浮かんでいる。いいでしょ、ここ、秘密の場所。ケイ君は得意げだ。うん、綺麗だね。あれはエンパイアステートビルディング？

わたしたちはいろいろな話をした。ケイ君が姪のように思ってくれていたわたしの娘のこと。いつもケイ君に嫌な仕事を押し付ける同僚の愚痴。さっき見たライ・クーダーのコンサートのこと。ケイ君が最近凝っている筋トレのこと。シャワーはジムで浴びていること。最近聴いてる音楽とか、毎日同じ時間にスマホで自分の顔写真を撮ってることとか——だからケイ君は路地を歩いていても、エレベーターに乗っていても、レストランにいても、どこで何をしていてもおかまいなしに、その時刻になると突然スマホを取り出して無表情で写真に写る。

スタンダップコメディはまだやってるの？　あんまり、とケイ君は短く言って、携帯に録画された彼のパフォーマンスを見せてくれた。人のまばらな小さいカフェで、ケイ君が懸命に、何か話している。

もうカリフォルニアに帰ろうと思ってるんだよ。画面を見つめるわたしに、ケイ君はつぶやく。

へえ、いつ？　お母さんは喜ぶだろうね。わたしは驚いて、言う。

母ちゃんは、まあ、いいよ。ケイ君はどこか照れたように答えた。

ケイ君の決断が、わたしには羨ましかった。結局、根もなくいろんな土地をフラフラとしていたわたしは、ケイ君をどこか近くに感じていたのだろう。しかし、ケイ君はこうして一つの人生の区切りをつけて、従って彼にとって決着をつけねばならぬ何かに決着をつけて、前に進もうとしている。一方のわたしは、いまだグズグズと、後退不能な決断からただ逃げているだけのようだった。

ケイ君は、その夏、西海岸へと帰った。警察官になるために学校に通っていると聞いた。

＊＊＊

思い出すままに書いていたら、ライ・クーダーからは随分遠いところへきてしまった。いや、案外、そういうわけでもないのかも知れない。所在のなくなってしまったときでも、ほんの少しの思い出とスーツケースがひとつあれば、そこが帰る場所になり得ると教えてくれたのはライ・クーダーだったから。

ボクがまだ子猫だったころ、父さんが言った。息子よ
ひとつだけ覚えておきなさい
この世界を当てもなく歩き、そしてまた歩き回る時は
この小さなスーツケースを持って行きなさい
太陽が落ちて、歩き疲れた時は、
このスーツケースを地面に置いて、中に入ればいい
そうすれば寒い夜の冷たい風も心配しなくていいから
このスーツケースがあれば

スーツケース・イン・マイ・ハンド

レオン・レッドボーンと初めてのレコードプレイヤー

レコードプレイヤーが家にやってきたのは、長女が生まれた頃だったから、二〇一八年のことになる。

それはノースカロライナに越してきて一年目の春で、当時、わたしたち夫婦は、カーボロの端にある集合住宅に住んでいた。ベランダとロフト付きの薄緑色の家は、わたしたちが四年目のアメリカ生活で初めて住んだ家らしい家だった。リビングのガラス戸からはカロライナの青い陽がよく入って、少々くたびれてささくれ立った灰色のカーペットを明るく照らす。お腹の大きかったパートナーのももこは、いつからかそこに椅子を引っ張ってきて、読書やら編み物やらをするようになった。わたしが気に入っていたのは暖炉があったことで、しかし結局、一度も薪をくべないまま、あの家での一年は過ぎ去ってしまった。暖炉の火を囲むには、ノースカロライナの冬は暖かすぎたし、そもそもアメリカ式のセントラルヒーターがこれみよがしに稼働しているものだから、他の方法で部屋を暖かくする必要はなかったのだ。

長女とレコードプレイヤー、どちらが先に家にやってきたのか、ももことわたしの記憶は一致しない。ももこは長女が生まれたのが先だと言うし、わたしはその逆だと思っている。そういうことはよくある。結婚記念日ですら、わたしたちはそれぞれに違う日を誤って記憶していて義母に教えてもらったくらいだから、記憶はあまり当てにならない。もっとも、レコードプレイヤーが家にやってきた日に限って言えば、わたしたちが二人とも間違っているということはあり得ないので——つまり、プレイヤーと赤ん坊が全く同じ日にやってきたということはないので——、おそらく、わたしの記憶が違っているのだろう。いずれにせよ、赤ん坊の耳新しい泣き声と、これまた初めて聴くレコードのジリジリとした音は、ほとんどときを同じくして我が家にやってきた。

＊＊＊

レコードプレイヤーを手に入れるまで、長い間、わたしにとってレコードは聴くものではなく、眺めるものだった。台湾、バークレー、ニューヨークと一年ごとに住む場所が変わるような生活が続いていたから、荷物はいつも最小限。住んでいたところも間借りの一間だったから、当然、レコードプレイヤーなど置けなかった。だからレコードを買ったはいいものの、それがどんな音がするのか、CDやストリーミングと音がどう違うのか、あれこれ想像するしかないような時期が長く続いた。

いつのまにか、部屋の隅には聴いたことのないレコードたちが積まれていって、少なくない存在感を放つようになる。そろそろこのレコードを聴いてみたい。真ん中のラクダの両脇に腕と足を組んでもたれかかる、お馴染みの白スーツ姿のレオン・レッドボーンのサングラスに見つめられれば、このレコードを聴きなさいと言われているようで、しかしそんな幻想に駆られてもすぐ、来年はどこにいるかわからないしな、と思い直す。当時、わたしは毎年、アメリカ各地の大学院へ願書を乱打しては、受験に失敗し続けていた。

そんなその日暮らしならぬ、その年暮らし——細野晴臣なら住所不定無職、おまけに低収入と歌うだろう——に終止符が打たれたのは、ようやくノースカロライナに来てからのこと。運よく当地の大学院に拾われたわたしは、少なくともフィールドワークをするまでの三、四年をチャペルヒルの街で過ごせることになった。授業を学部生に教えて働きながら、自分の必須授業を受けることができるという、アメリカに来た頃には想像もしていなかったような待遇だった。ようやく毎年次の行き場所を探してせかせかする生活から解放され、たしかに給料の半分以上は家賃に消えていくとしても、同じ場所に腰を据えて暮らすことができる。そうして、この世界に対する錨のようなものを一つ持つつもりで、わたしはレコードプレイヤーを買ったのだった。

オーディオテクニカの黒い入門機。初めて見るレコードプレイヤーは予想していたよりもずっと大きく、存在感があって、長年かけてようやく出会った親友のようなかけがえのなさがある。

こんなときに、なんでレコードプレイヤーなんか買うの。

他に置く場所が見当たらず、暖炉の横、片手で持ち上げられるような簡易ダイニングテーブルの三分の一ほどを占拠してしまった肩身の狭そうなレコードプレイヤーを見て、ももこは不満げに言う。我が家にはすでに赤ん坊という、この世界に根を下ろすべき十分な理由がある。

赤ちゃんにもレコードの音で音楽を聴かせるといいと思って、とわたし。これは半分言い訳で、半分は本音だった。

いくらなのこれ、高っ。ここ数年で買ったものの中で何よりも高いじゃん！　ももこは、しわくちゃになったレシートを広げている。

これでも安いやつを選んだんだけど。わたしの声には力がない。

＊＊＊

さて、プレイヤーがあるからといって、レコードが聴けるわけではない。それくらいわたしも知っていた。スピーカーがなければ、レコードプレイヤーは口のない身体、水の出てこない給水器。しかしスピーカーにかけられる予算はもうない。そこでわたしは、ローカルな個人間売買の情報を網羅しているウェブサイトで、スピーカーを探すことにした。しばらくダイニングテーブルの上で置物と化したプレイヤーを救済すべく見つけたのは、ＫＬＨのブックシェルフ型のスピーカーだった。値段も手頃で、古いスピーカーにしては状態も良さそうだった。早速、持ち主に連絡を取り、翌日、スピーカーを受け取りに行くことになった。

州間高速道路四〇号線をカーボロから三十分ほど走ったメバネという街のレストエリアが、その集合場所だった。わたしたちがカーオーディオの壊れた車を譲り受けたのは、長女が生まれてすぐ後だったから、スピーカーを受け取りに行くときには、確実に、後部座席でカーシートにうずもれて眠る――ありがたいことに、車に乗るとすぐに寝る子だった――彼女がいたことになる。

高速道路を飛ばして、レストエリアに滑り込む。ドーナッツ屋があるだけの閑散としたところ。向こうは白色のピックアップトラックでくるはずだが、それらしい車はだだっ広い駐車場に見当たらない。どんな人が現れるのだろうか。同じウェブサイトを使って買い物をしたことはアメリカで何度かあったが――マンハッタンで小さな机を手に入れたときは、それを担いでブロードウェイを数ブロック歩いたこともあった――、いつも少し不安になる。犯罪の噂を聞かないでもない。ドーナッツ屋で、どれだけ酸化していても、牛乳を入れさえすれば飲めるのだという類のコーヒーと、とにかく甘ければあとは何も気にする必要はないという類のドーナッツに――そんなコーヒーとドーナッツを今ではどうしてか恋しく思う――励まされて、車を待つ。後部座席では娘が目を覚まし、早速、泣き声を上げている。

しばらくして、白いピックアップがやってきた。車から降りてきたのは白髪の白人のおじいさんで、春先の肌寒い日に、チェックのワイシャツに短パン姿でいる。その風貌は、どこかヴァン・ダイク・パークスを思い起こさせて、わたしは根拠もないのに警戒心を解く。彼の方も、赤ん坊を連れているわたしたちを見て安心したのか、会うなり顔を緩ませて、何ヶ月なの、と訊いてくれる。

生まれたばかりです。

どこからきたの?

日本からきました。博士課程で研究しています。

へえ、それはたいそうな、卒業はいつ？

いや、正確には決まってなくて……、僕もわからないんです。

その種の質問ならこれまで何十回と受けてきたが、そのたびに、そんな当然の質問はいつもわたしを困惑させた。博士論文がいつ書き終わるのか、いつ卒業できるのか、そして卒業したところでなんになれるのか、本当にわからないのだ。立ち行かなくなった会話から逃げ出すように、スピーカーを取ってこようとおじいさんは言って、ピックアップの荷台からスピーカーを二つ持ってきてくれた。代金とももこが焼いてくれていたクッキーを渡して、わたしたちは家路についた。


うん、木のフレームが渋い、いいスピーカーだ。これでようやくレコードが聴ける。家に帰ってきたわたしは、はやる気持ちを抑えて、レコードプレイヤーとスピーカーをつなごうとするのだが、そこである違和感を覚えた。何かがおかしい。どう考えても、二つを接続できそうにない。

もしやと思って調べてみると、やっぱりそうだ。スピーカーの音を鳴らすにはアンプが必要だ。うっかりしていた。しかし、困ったことになった。どこにアンプはあるんだ。ここまでさんざん待った挙句、どうにかレコードプレイヤーとスピーカーを手に入れた。それでもまだレコードが聴けないとは。まったく、何が悲しくてこんなにレコードに振り回されないといけないのか。レコードを聴くためにあといくつこんな山を越えなければいけないのか。いや、そもそも全部自分でまいた種じゃないか。あぁ、早とちりしてしまった。

と、ふつふつと、眉間に皺を寄せて考えていたその夜、さっきのおじいさんから連絡がきた。「クッキーとてもおいしかったよ。妻がいたく気に入ってね。もしよければレシピを教えてくれないかな?」「もちろんです!」渡りに船とはこのことである。わたしは心の中でももこに拍手喝采を送り、返信した。ここで訊かずに、いつ訊くというのだ。

「僕も彼女のクッキー、大好きなんです。レシピを訊いておきますね。実は、アンプがなくて困っていまして。もしかして売ってもらえるアンプなどありませんか?」すぐに返事がくる。「古いアンプが倉庫に一つある。私はもう使わないから、譲ってあげるよ」。わたしはもう一度、ももこに、そして今度はおじいさんにも、心の中で手を合わせた。

次の日、同じメバネのレストエリアで、あのヴァン・ダイク・パークス似のおじいさんとわたしは待ち合わせ、やっぱり短パン姿の彼が持ってきてくれたDenonの古いアンプを譲ってもらった。立ち上がるのに少し時間がかかるけど、パワフルないいアンプだぞ。おじいさんは、どこか名残惜しそうにそのアンプを見ながら、言った。あのアンプにはどんな音楽の記憶が眠っていたのだろう。何も訊かなかった。

＊＊＊

スピーカーとアンプの接続や、針圧の調整で不器用なわたしは一通り、そしてきっと人並み以上に苦労しつつ、ようやく、レコードが聴ける環境が整った。数年越しの夢が叶うのだ。最初のレコードは何にしようか。そこでわたしは、パナマ帽を被ったレオン・レッドボーンのことを思い出した。ボブ・ディランが、もしレコード会社を立ち上げるならレッドボーンと契約すると言ったとか、言わなかったとか。妊婦の友人に、この人いいよと言ってレッドボーンを勧めたら、つわりがひどくなったとCDを返されたこともあったとか、なかったとか。アメリカでの最初の数年の苦楽を共にしてきた『ダブル・タイム』。アメリカにきたばかりの頃、サンフランシスコの広大なフリーマーケットで、異国で奇跡的に旧友に出会うような気分で見つけた、数ドルのアルバム——もっともそれ以来、パナマ帽の彼を何度もレコード屋のジャンクボックスで見るようになって、あのときの出会いが奇跡でもなんでもないことを知るのだけれど。これにしよう。

プレイヤーのダストカバーをあげる。巨大なジャケットから、溝を手で触れないように、不安定な円盤をお盆でも持つように取り出し、そして両手のひらで落とさないように挟んで、真ん中の突起目指して円盤を着地させる。スイッチをひねれば静かに円盤が回転しだし、わたしはトーンアームをつまみ、ゆっくりと持ち上げて、円盤の端に落とす。バチッ。ジリジリジリ。少しの静寂の後、レッドボーンのギターが鳴り始める。スピーカーから、ディディ・ワ・ディディと呪文が流れ出す。ヴァージニアのブルーズ・ギタリストの草分け、ブラインド・ブレイクのカヴァー曲だ。

ここにはどでかい謎がある
僕はそれでとても不安になった
ディディ・ワ・ディディ
ディディ・ワ・ディディ
誰かディディ・ワ・ディディの意味を教えておくれ

ディディ・ワ・ディディ

その音がいい音なのか、つまりよくレコードの音を形容して言われるようにふくよかだとか、温かみがあるだとか、立体的だとか、わたしの耳には判別がつかなかった。もしかしたら、レコードの音というものに期待をしすぎていたからかもしれない。レコードを聴きたい、聴きたいと思って過ごした数年の間に、理想の音だけが膨らんで、わたしのささやかなオーディオシステムでは——何せレコードプレイヤーはダイニングテーブルの上、スピーカーとアンプはその横のベンチに置いていたのだ——、現実が追いつかなかったのかもしれない。いや、そもそもわたしは、くるくると緩やかにまわる円盤が、髪の毛先ほどに細い針と複雑怪奇な回路を経て、スピーカーから音を鳴らすという単純な奇跡に驚き、そして胸いっぱいになってしまったのかもしれない。

しかし、そこには同時に、レコードでしかあり得ない音楽と肉体的に交わることの喜びがたしかにあって、わたしは何事においても原理主義者になることを拒否したいのだが、ことレコードに限ってはそんな決意も揺らいでしまうほど、レコードの音に引き込まれている自分もいた。もし音楽に形があるなら、こんな形をしているのかもしれない。規則正しくまわり続ける黒いレコードの丸々としたフォルムを見ながら、そう思った。

＊＊＊

次女が生まれたのは、それから二年後の初夏だった。わたしたちは隣町のチャペルヒルの家族寮に引っ越したけれど、まだ、ノースカロライナにいた。出産が間近に迫った頃、言葉を覚え始めたばかりの、もうすぐ姉になる長女に、子ども用のレコードプレイヤーをプレゼントした。七インチのシングル盤を再生できる、水色のポータブルプレイヤー。こうしてまた、赤ん坊が一人増え、レコードプレイヤーも一台増えた。

メイヴィス・ステイプルズを聴きに501に背を向ける

午後五時。トライアングルエリアをつなげる大動脈のルート501をダーラムの方に向かって車で走る。サマータイムが終わるまでにはまだあと一ヶ月以上あるとはいえ、随分日が短くなった。

普段はこの時間に、一人で隣町のダーラムに向かうことはあまりなかった。平日の夕方に、チャペルヒルとダーラムをつなぐルート501に出ることがあるとすれば、それは、空になりかけた冷蔵庫を前に、慌てて鶏のもも肉やベーコン、玉ねぎやじゃがいもなどを近所のホールフーズやトレーダージョーズに買いに行くときくらいなもので、つまり日常の必要に迫られたときがほとんどだった。

多様な肌の色をした人びとの隙間から手をのばして、買い物という日常語がちっぽけに聞こえてしまうほどの大きさをしたカートに品物を放り込む。まったくあのカートの巨軀の特権は、結局アメリカを離れるまで満足に享受することができなかった。わたしたちに必要な品々では、カートの底に控えめな丘陵を作るのがやっとだったし、カートの角が商品の棚にぶつかって、崩れ落ちた品物が派手な音を立てたことは一度や二度ではなかったし、カートの上に座る権利をめぐって娘たちは喧嘩を始めるし。カートの隅にコロコロと転がり込んだリンゴを背伸びしてどうにか摑み、商品としての最期を全うしようとレジのレーン上を流れていく野菜の中にまぎれ込ませた。レジの店員さんはそれを無造作にとって、紙袋の中に押し込んでいく。

それはわたしの変わり映えのないアメリカ生活の中の、ある典型的な場面の一つだが、そんな時間に買い物を終えて501に戻ると、決まって、眩しすぎるくらいの夕方の西陽が、真っ直ぐに伸びた木々も、明るい赤色のレンガの建物も、信号機も、横断歩道を歩く人びとも、鳥たちも、世界のすべてをぼんやりとさせていた。太陽の沈むチャペルヒルへと向けて果敢にも飛び込んでいく車中は、目を凝らすのがやっとといったところで、サンバイザーなど気休めにすぎず、白い光の中をチラチラと幻のように映る前方の車の後ろ姿を追いながら家まで帰るのだった。

しかしあの十月のある日、わたしはいつもの夕日を背にして、501をダーラムの方向に急いでいた。

今夜はライブがある。遅れるわけにはいかない。空港のあるローリーへと向かう道は、いつもこの時間に混んでいたが、幸い、ダーラムに向かう三車線は空いていた。車のステレオは壊れていて、うんともすんとも言わない。その代わり、カップホルダーに筆箱ほどの大きさのスピーカーが立てかけてあって、黒い身体を懸命に震わせている。ライブの予習をしておかなければ。大袈裟な車の騒音を押し除けるように聴こえてくるのは、メイヴィス・ステイプルズの低く響く声だった。

＊＊＊

メイヴィス・ステイプルズといえば真っ先に思い出すのは、まだニューヨークにいた頃、当時通っていたハーレム近くのユニオン神学校で受けていた黒人神学者のジェイムズ・H・コーンのゼミのことだ。コーンは米国黒人の歴史的経験から聖書を読み直し、それを黒人神学として学問に昇華させた第一人者で、わたしがアメリカに留学したのも、彼がきっかけの一つだった。黒人を中心に受講生が二十人ほどのそのゼミでは、コーンの黒人神学形成に大きな影響を及ぼしたマルコムXとキング牧師の思想を学んでいた。二〇一六年の春学期のこと。

三時間のゼミは生徒のディスカッションや発表が中心だったが、休憩を挟んで授業の後半の始まりに、「アイズ・オン・ザ・プライズ」というPBS（公共放送サービス）が一九八七年から九〇年にかけて放映していたテレビドキュメンタリーシリーズを一話ずつ観た。黒人映画監督のヘンリー・ハンプトンの代表作だ。エメット・ティルの殺害から始まって、人種隔離教育の廃止、ランチカウンターでのシットイン、ワシントン大行進、公民権法の成立と、一九五〇年代の中葉から一九六五年までの公民権運動の歴史を辿るのが第一部。第二部ではマルコムXやネイション・オブ・イスラムから始まって、シカゴでの活動や貧者の行進などに代表されるキング牧師の晩年、ブラック・パワー運動の興隆、ブラック・パンサー党の創設、そして都市部での暴動など公民権運動後のアメリカを描き出す。当時の歴史を、ヒーローや預言者となった男たちを特段崇め、英雄視するのではなく、市井の人びとの経験から描き出した好ドキュメンタリーだった。

公民権運動の歴史の仔細は本から学べばいい。しかしそれだけじゃ足りない。あのとき、闘っていた人びとがどういう表情をしていたか、どういう目をしていたか、どういう声をしていたか、それをこの映像を観て学びなさい。いいか、公民権運動はキング牧師だけの歴史ではないぞ。一緒に闘った大勢の人間がいた。かれらが血を流したんだ。かれらが殴られたんだ。その時代の空気を感じなさい。

授業のかなりの部分を費やしてドキュメンタリーを観る理由を、コーンはそんな言葉で説明していた。果たして彼は、その映像を観ることが、わたしたちを一九六五年のセルマに連れ戻すと信じていたのだろうか。それとも、あの闘争の時代への遡及がどうしても不可能なことの悔しさを、わたしたちと共有しようとしたのだろうか。あるいは、かつての未完の夢の続きを目の前の学生に託したのだろうか。

プロジェクターの操作をするのは、コーンの忠実な生徒といった風情の、スーツに身を固めたアシスタントのエンコシ・アンダーソンで、プロジェクターが下りると、暗くなった教室にはドキュメンタリーのオープニングが映し出された。ボールドウィンが甥への手紙で喚起したのと同じ使徒たちが歌われる、主題歌の「アイズ・オン・ザ・プライズ」が大きな音で流れ出す。

土牢につながれたパウロとシラス
保釈金を払えるような金もなく
褒美を目指せ、ひたすらに
諦めるな、諦めるな
諦めるな、褒美をただただ目指して、ひたすらに

叫び始めたパウロとシラス
扉がバタンと開き、外に出る
褒美をただただ目指して、ひたすらに、諦めるな

ボブ・ディランがデビューアルバムで原曲を歌っている、公民権運動時代のフォークソングがあの暗い教室で流れるたびに、わたしは頭の中で、その歌をメイヴィス・ステイプルズの声に変換して聴いていた。彼女の声で、すでにその歌を聴いたことがあったからだ。この文章を書きながら、あらためてドキュメンタリーの冒頭を観てみたら、歌の部分は存外あっさりとしていて驚いたくらいだから、よほどメイヴィスの歌声が印象に残っていたのだろう。メイヴィスは『ネヴァー・ターン・バック』というアルバムでこの歌を歌っている。

二〇〇七年に発表された『ネヴァー・ターン・バック』は、メイヴィス・ステイプルズが、彼女自身深く関わった公民権運動時代に歌われたプロテストソングを歌い直すというコンセプトアルバムだった。ライ・クーダーが全面的にサポートしていたことから、彼のギターを聴きたくて手に取ったアルバムだったが、メイヴィスの歴史そのものというような声に打ちのめされてしまったことは、言うまでもない。

このような企画はともすると軽薄なノスタルジーに取り憑かれ、過去を燃やし尽くす勇気の欠如の故に、今というときにあって聴くに堪えないものとなり得るのだろうが、このアルバムはまさに今聴かれるべき説得力を伴ってわたしには聴こえた。だからコーンの授業で「アイズ・オン・ザ・プライズ」を耳にしたとき、わたしは真っ先にメイヴィスのこのアルバムを思い浮かべた。

メイヴィスの自叙伝によると、このアルバムを作る背景にあったのは、二〇〇五年のハリケーン・カトリーナの悲劇や、一九九九年、ニューヨーク警察に四十一発の銃弾を浴びせられ、二十三歳で亡くなったリベリアからの移民、アマドゥ・ディアロの事件などだったという。ディアロの死は、警察の暴力についての問題を全米に喚起することになった。それから数十年後の二〇一二年、トレイボン・マーティンがフロリダで自警団員に射殺され、程なくして#BlackLivesMatterというハッシュタグが拡散される。

メイヴィスは、彼女を育んだキリスト教信仰の言葉を使ってこう語っている。

主がわたしをこれまで生かしてくださったのは、この時のためだったと思う。……キング牧師がわたしたちの正義のために血を流し、死んだのに、彼を一人にしてはおけないでしょ。それは許されない。今は二十一世紀なのに。アメリカで未だこんなことが起こっているなんて、わたしたちは恥ずかしく思うべき。学校では十分に黒人の歴史を教えない。でもわたしが歴史なの。わたしが歴史になる。子どもたちは知るべきだと思う。わたしたちが何を経験してきたか。わたしたちがどこからきたか。

メイヴィスの言葉から十五年ほどがたち、アメリカの人種をめぐる状況は改善しているとは言い難い。アメリカの高校のＡＰ科目（専門性の高い上級レベルのカリキュラム）からは、保守派のバックラッシュの末、アフリカン・アメリカン・スタディーズの分野から批判的人種理論やクィア理論、ブラック・フェミニズムに関わる著者が多数削られた。また近年では、教育の現場において、多様性プログラム（ＤＥＩ）が縮小されたり、廃止されたりというニュースをよく耳にするようになった。メイヴィスの歌を聴かなければならない理由は、減るどころか増えていく一方だ。

＊＊＊

コンサートはダーラムの中心部に程近いカロライナ・シアターの大ホールで行われた。きらびやかなロビーに入り、街灯に飛び込む蛾さながらに、物販のテーブルへと引き寄せられる。Tシャツやポスター、手提げバッグなどに混じって、LPレコードがある。『ネヴァー・ターン・バック』はないだろうかと淡い期待とともに探してみるが、二〇二二年に再販されるまでプレミア化していたそのレコードは、当然なかった。代わりに当時の最新作で、ベン・ハーパーがプロデュースを手がけた『ウィ・ゲット・バイ』を手にとる。新品のレコードはいつでも特別な気持ちになる。

暗転したホールの後方の深いチェアに腰掛けて、メイヴィスを待つ。バンドリーダーのリック・ホルムストロムを筆頭に、ベースとドラム、コーラスという小規模の編成を従えて、小柄なメイヴィスが舞台袖から現れた。その足取りは、遠目からはどこかふらついているようにも見えて、彼女の年齢を思わざるをえなかった。

ドゥーン、ドゥクッドゥ、ドゥドゥデューンという跳ねるようなベースの音に、タッタカ、タッタカ、小刻みなドラムが駆け寄って、そこにメイヴィスが手拍子でリズムを加えた。足取りのおぼつかないさっきまでのメイヴィスはもはやどこかにいなくなり、ステージの上で重厚に舞っているのは、あらゆる場所を最上の礼拝堂へと変えてしまうあのメイヴィスだった。バンドの音がメイヴィスを蘇らせたのだ。声が、ホールを占拠する。まるで未だ、警官隊と対峙しているかのように。放水を受けても、犬をけしかけられても、銃口を向けられても、その場から動くつもりは微塵もないというように。「イフ・ユア・レディ！　イフ・ユア・レディ！」ステイプル・シンガーズ時代のヒット曲だった。

近年のオリジナル曲に、ステイプル・シンガーズの曲、ファンカデリックやバッファロー・スプリングフィールド、トーキング・ヘッズのカヴァー曲までがちりばめられたコンサートは、あっというまに過ぎていった。

メイヴィスの曲は、どれもシンプルなメッセージで貫かれている。愛とか信仰とか、友情とか、手をつなぐこととか、助け合うこととか、それさえあれば家賃を払う金がなくても、仕事を失ってウェルフェアライン（公的扶助）に並ばないといけないとしても、故郷と呼べる場所がなくても、車がオンボロでも、部屋に隙間風が吹いていても、メイヴィスが歌うところによると、どうにかなるのだ。いや、みんなでどうにかする。それはこの複雑怪奇で、トラブルばかりの世界にあって、あまりに単純で、楽天的に聞こえてしまうのだけれど、それでもわたしにはどこか覚えのあるものだった。そしてメイヴィスの野太いシャウトを聴いていれば、少なくともあの場にいた一時間ちょっとの間、それは動かし難い大岩のような真実に思えてしまうのだから、そしてあの瞬間を思い出すとわたしの懐疑は今でも揺さぶられてしまうのだから、不思議なものだ。ライ・クーダーがメイヴィスの父のポップスのギターを形容して「本質的な簡素さ」と呼んだものは、きっとメイヴィスの声にも受け継がれている。

メイヴィス・ステイプルズのコンサートから数ヶ月後、パンデミックが始まった。今思えば、あの禍が世界を覆い尽くしてしまう前に行った最後のライブは、メイヴィスのコンサートだった。

ハービー・ハンコックとアメリカで車を売ること

車を売ったのは、日本に帰国する二日前だった。

知人から譲り受けた走行距離二十万マイルほどの二〇〇五年型のアコードは、ノースカロライナで四年間酷使している間にすっかりボロボロになっていた。カロライナの日差しと、時折訪れるハリケーンの雨風と、常にエンジンの精一杯を求められるアメリカの公道と、そして何にも増して情け容赦ない時間の流れそのものによって、車はリー・ドーシーの「マイ・オールド・カー」よろしく、スクラップ寸前だった。

バッテリーが使い物にならなくなったのは、いつだっただろうか。ある日、郊外にある韓国系スーパーのHマートで、納豆や冷凍うどん、薄切りの豚バラ肉やネギやほうれん草など、故郷の味を、少なくともノースカロライナで揃えることのできるそれにいちばん近いものを買い込んだあとに、帰り道に立ち寄った先のガソリンスタンドでエンジンがうんともすんとも言わなくなった。その前兆ならあった。同じ日の朝も、バッテリーが上がってしまい、慌てて友人の車から電力を分けてもらっていたから。Hマートの帰りにバッテリーを交換しようとももこと話していたが、車屋にたどり着く前に、再びバッテリーが上がってしまったのだ。

人気のないくすんだガソリンスタンドで、鉄の塊と化した車内に取り残されたわたしたち。途方に暮れていると、助けてくれたのは、ツーリング途中なのか、古い映画の中からそのまま飛び出してきたようなハーレー乗りの白人のおじ様二人だった。それぞれ同じクッキーの型でくり抜いたように、スキンヘッドで黒いライダースーツに身を固めている。

どうしたんだ?

バッテリーが上がったみたいで。

それだけ伝えると彼らは何もかもを了解したように、一人はブースターケーブルをガソリンスタンドから持ってきて、一人はボンネットを点検し、ちょっと見せてみろと、わたしと運転席を替わってキーをまわしながらアクセルをふかし始めた。一連の所作は惚れ惚れしてしまうほど無駄がなくて、レースメカニックさながらのチームワークは間違えてどこかのレース場にまぎれ込んでしまったのではないかと思うほど。しばらくすると、車は長い眠りから覚めるように鈍いエンジン音を立て始めた。おじ様たちは誇らしげに、バッテリーは完全にイカれてるな、もう換えた方がいい、ケーブルを貸してくれたスタンドの店員さんにはお礼しておけよと言い残して、ハーレーにまたがって颯爽と去っていった。こちらに感謝を伝えるような暇さえ与えずに。わたしたちはスタンドの店員さんにチップを渡し、そのまま車屋に向かい、コーヒー屋で時間を潰している間に、そこだけつぎはぎしたような真新しいバッテリーがオンボロの車に取り付けられた。

車の天井生地が垂れてきていることに気がついたのは、帰国まであと二ヶ月を切った頃。しばらくはどうにか誤魔化して乗っていたが、次第にだらっと垂れた布が運転席の視界をも遮るようになり、ガムテープで留めてみたり、洗濯バサミで挟んでみたりとさまざまな試行錯誤の末、最終的には押しピンで応急処置を施した。そういえばニューヨークに住んでいた頃も、アパートを引き払う直前になって寝室の天井のパネルが何枚か半分外れ、部屋がコンクリートの粉末で雪景色になったことがあった。どこかを離れる頃になって落ちてはいけないものが落ちてくるというのは、もはや定番と言ってもいいかもしれない。そんな事象の意図を汲んでしまうのは人間だけだろうが、ハンモックのようにだらしなく垂れ下がった車の天井はチャペルヒルでの生活から引導を渡されたようでもあり、わたしたちは、はいわかりましたと後髪を何本か引かれつつも、その地を去る準備を進めていたのだった。

いずれにせよ、車はそんな状態だったから誰かに譲ることもできず、それを隣町のラーリーのディーラーで売ることにした。

＊＊＊

車は呆気なく売れていった。車といえば、アメリカの横柄な官僚主義を煮詰めて、粗熱をとってからそのまま冷凍させたようなＤＭＶ（車両管理局）での嫌な経験——つまりそれは、端的に言って、何時間も、自分の番が本当にやってくるかどうかあやふやなまま、同じように確信を持たないでイライラした人びとの長い列の後ろで待たされることを意味する——を思い出し、その日一日を潰す覚悟でいたが、どうやら資本主義の速度がお役所仕事の横柄に勝利を収めたらしい。ディーラーに言われるがままに書類にサインをいくつか記入しただけで、車はわたしの手から離れていった。

さて問題は帰り道である。と言っても、何か選択肢があるわけではない。車がなくなった今、家までの三十マイル、わたしを運んでくれるのはタクシーだけだった。そこでわたしは配車サービスで車を呼んだ。

車屋の駐車場に滑り込んできたのは黒のＳＵＶで、二十代後半くらいの黒人の若者が運転している。黒いパーカーに、大きめのズボンというカジュアルな着こなしで、普段わたしが教えていた学部生のように見えなくもない。乗車するなり、わたしは質問の嵐で歓待を受けた。

なんでここに？　車でも売ったの？　それとも修理？

車を売ったんだ。わたしは短く答える。

へぇ、いくらだった？

わたしはまた短く、金額を伝えた。

おいおい、まじかよ。捨て売りじゃないか！　俺に一声かけてくれれば、友達のディーラーを紹介したのに。あいつならもっとましな値段で買ってくれるよ。引き返そうか？　大手のディーラーは買い叩くからなぁ。悪どい商売だ。本当にいいのか？　倍の値段で売れるぞ。

ボロボロの車だったから、そもそも売れるとは期待してなかった。お金を払って引き取ってもらわなきゃいけないかと思ってたくらい。売れただけで御の字だよ。わたしは彼が本気なのか、冗談で言っているのかわからないまま、答えた。

車は快調に飛ばしている。いや、快調というよりは猛スピードだ。三車線のハイウェイを、どんどんほかの車を追い抜いて。もうすぐ日本に帰るというのに、ここで死にたくはない。思わずシートベルトを締める。まだ質問は続いている。

それで、車は買い替えるのか？

いや、もう帰国でね。明後日には発つんだ。

どこに？

日本だよ。

日本か。行ったことはないな。

遠いところだよ。

じゃあ、こっちには駐在できたってこと？

まさか。駐在の人はもっといい車に乗ってるよ。博士課程。日本の研究をしてるんだ。

なんでまたわざわざアメリカで日本の研究を？

まあ、巡り合わせでね。これといった理由はない。

それをきちんと説明しようと思えば、とても家までの三十マイルでは足りない。そもそも台湾、アメリカで十年近く生活をした末に、幼少期を過ごした沖縄の離島へフィールドワークに行く理由など、いくら説明を尽くしてもわかってもらえるかわからない。自分でも未だにそんなルートが帰郷と呼べるものなのかどうか、判然としていたわけではないのに。

その間にも社交的なのか、ただの詮索好きなのか、それともその両方なのか、運転席の口まめな彼はとめどなく話し続けている。日本で知り合いが働いていること。それが東京でないことはたしかだが、その都市の名は忘れてしまったこと。パンデミックで配車サービスの売り上げが落ちたこと。それでもフードデリバリーでなんとか持ち直していたが、最近のガソリンの高騰で商売にならないこと。

途中からわたしは上の空だった。明後日には帰国する。考えなければならないことはたくさんあったし、思い出すことならそれ以上にあった。

窓の外の景色を黙って見ていたかった。そうして、あのハイウェイの角でまだ赤ん坊だった長女が大泣きしだして慌てふためいたことや、あそこの道を入っていった先にあるジョーダン・レイクの海じゃないかと見紛うような雄大な景色のこと、よく通ったベーグル屋さんのこと、これから帰る、ベッドのマットレスとソファ、洗濯機と乾燥機以外は、大きなスーツケースが開け放たれているだけの空っぽの部屋のこと、そんな思い浮かんでくるあれこれを、車窓に消えていくにまかせていたかった。

車はチャペルヒルの家に近づいていた。

今日のこれからの予定は？　運転手からの何度目かの質問に、わたしは車内に引き戻される。

部屋の片付け。ゴミも捨てなきゃ。あと、友達の家族が来てるから、一緒にハンバーガーでも食べるかも。アルズバーガー、美味しいから。テイクアウトしようかな。アメリカ最後の食事はあそこに限るよ。

友人家族とは、長女が通っていたプリスクールの友人の日本人家族で、最後まで捨てられずに残った調味料や食材、使いかけのサランラップやジップロックなど細々した日用品を全部もらっていってくれた。

このあと予定はあるの？　誰か乗せるの？　わたしが質問する番だった。

コンサートのチケットもらったから、夜に行こうかと思って。なんて名前だっけな。知らない人だった。えっと、あ、ハービー・ハンコックだ。知ってる？　動画で見たんだけど、ピアノ弾く人。まあまあ良さそうだから、行ってみるよ。途中で眠くなったら、帰ればいいし。

ハービー・ハンコック！　レジェンドだよ！　きっと行った方がいい！　行かなくちゃ！

こうしてこの日いちばんの声が出た頃、車は大学寮のロータリーに着いた。

＊＊＊

沖縄に来てからも、ふとした瞬間に、あの名前もよく知らないままにハービー・ハンコックのコンサートを聴きに行った黒人青年との車内を思い出してしまう。彼のその後を想像してしまう。果たしてハービー・ハンコックはどんな曲を演奏したのだろうか、青年はライブを楽しめたんだろうか、途中で帰らなかっただろうか、彼に会うことがあったら、今度はわたしが彼を質問攻めにしてしまうだろう。わたしにしたって、特段ハービー・ハンコックに詳しいわけでも、彼の音楽の忠実なリスナーというわけでもなかった。名前以上のことで知っていたのは、彼がマイルス・デイヴィスのグループに在籍していたことや――マイルスは最大の賛辞を送っている。「ハービーは、バド・パウエルとセロニアス・モンクから、一歩前進していたんだ。あんな奴、ハービーの後に一人も現れていない」――、『セヴン・ステップス・トゥ・ヘヴン』で抜群の演奏を残していたことくらいで、レコードも持っていないし、彼がまだライブをしていることに驚いたくらいだった。

それでもわたしは近頃、あの青年の言葉を何か契機のように思い出しては、ジャズを聴いている。そのジャズとは、たとえばジェイムズ・ボールドウィンがこのように書く類のものである。「あらゆるジャズは、とくにブルースは、激しくて、皮肉で、威厳があって、両刃の鋭さがある」。わたしはジャズの永遠の反復と、僅かな変奏に何か希望に近いものを見出しているのかもしれない。アミリ・バラカが変わりゆく変わらぬものと言ったやつだ。

そういえばつい最近、沖縄のあるリサイクルショップで、誰かの、きっとその人にとってはある完全性を体現していたコレクションを、処分に困り果てた周りの人間がそっくりそのまま売ってしまったようなジャズのレコードが何枚も棚に並んでいるのを見つけた。思わずマイルスやコルトレーンなど何枚かサルヴェージ——救出する、引き揚げるとは、レコードを買うことの翻訳性についてピッタリの言葉だ——した。次行くときは、ハービー・ハンコックがないか探してみよう。

ドニー・フリッツと自由の瞬間

『プローン・トゥ・リーン』といえば、アラバマ州マッスル・ショールズのドニー・フリッツによる一九七四年の名盤だが、その言葉の意味については彼の短いドキュメンタリーで、友人のダン・ペンが「やつは、エネルギッシュなタイプではなくてね、走ったりしてるのは見たことがない、いつもどっかによりかかってるんだ、まあここらのやつはみんなそうなんだが」と語るのを最近見返すまで、深く考えたことはなかった。

プローン・トゥ・リーン、すぐになにかにもたれかかってしまうこと。椅子があればできるだけ深く腰を下ろし、柱があればそこに全幅の信頼とともに寄りかかり、ソファがあればごろんと横に、なにもなく無為に突っ立っていないといけないときは、せめて片足に重心を寄せて、腕でも組んで。

ドニー・フリッツが二〇一九年に亡くなった折に発表されたニューヨーク・タイムズ紙の追悼記事によると、『プローン・トゥ・リーン』というタイトルは、あの時代のアメリカの音楽的な潮流を決定的にプロデュースしたジェリー・ウェクスラーがドニーに授けた「ザ・アラバマ・リーニング・マン」、「アラバマよっかかり男」という「謎めいた」ニックネームからとられているという――一方、ドニー・フリッツはウェクスラーについて別のインタビューで、彼をゴッドファーザーのような存在だと語っているが。

そこからニューヨーク・タイムズ紙の記事は、より「正鵠を得た」、そして「適切な」ドニー・フリッツのあだ名として、彼の盟友だったクリス・クリストファーソンが同じアルバムのライナーに書いた「ファンキー・ドニー・フリッツ」という言葉を紹介して追悼を小粋に締めくくるのだが、わたしにとっては、少なくともその意味を素直にとるなら、アラバマ・リーニング・マンという名もまた、あのどこか気怠そうなドニー・フリッツの正鵠を得た名前のように思う。わたしが見たドニー・フリッツは、やはり椅子に深々と、まるで根が生えたみたいに腰掛けていたから。

＊＊＊

ドニー・フリッツのライブをもともと見にいったのは、二〇一五年の秋、ニューヨークにいた頃だった。ユニオン・スクエアのすぐそばにあるジョーズ・パブがその会場。わたしはそこを、ハリケーン・カトリーナで自宅とスタジオを失ったアラン・トゥーサンが仮のホームとして、定期公演を行ったクラブとして知っていた。公演の模様は、のちにライブ盤として発表されている。人前で演奏することに喜びを見出したトゥーサンの姿が記録された好盤だ。

ジョーズ・パブはライブ会場というよりは小洒落たレストランのような雰囲気で、人が肩を寄せ合うということはなく、代わりにパズルを組み合わせるみたいに並んだ丸テーブルに観衆は腰掛け、お酒を片手にライブが始まるのを待っている。わたしの身体はアルコールを受け付けないので、コーラを。ももこはビール。ついでにフレンチフライも。コリアンタウンで買った安物のライスクッカーと、地下鉄を乗り継いでブルックリンのIKEAから運んできた白い本棚だけがおかれた、ユニオン神学校の寮の一人部屋にふたりで住んでいた当時のわたしたちにすれば、ジョーズ・パブはまるで別世界だった。

ドニー・フリッツは『オゥ・マイ・グッドネス』というアルバムを、その年の十月に出したばかりだった。七十二歳のドニーの、見据えるべき輝かしい未来よりも、振り返るべき悲哀と喪失、メランコリーに満ちた過去の方に侵食されたような枯れた声と、ウーリッツァーのエレクトロニックピアノの丸みを帯びた音色、そしてさりげなく曲を下支えするニューオリンズを偲ばせるようなホーンの悠長な音を基調とした親密な秀作。アマンダ・

マクブルームが俳優だった父親に捧げた「エロール・フリン」を、荘厳なオペラから市井のワルツへと歌い換えたカヴァーから始まって、スプーナー・オールダムとの共作まで捨て曲なしの名作で、レコード盤に針を落とせば、当時三歳になろうとしていた娘は、いつもならレコードをかけると肩車をねだるのだが、このアルバムでは木々が風に揺られるよ うなステップを左右に刻んでゆっくりと踊り出す。

わたしがFAMEスタジオのあるフローレンス——ブルーズの父とも言われるW・C・ハンディもここで生まれた——で生まれ育ったドニー・フリッツを知ったのは、このアルバムが最初だった。楽曲の提供やキーボーディストなど裏方としての活動が多く、決してヒット作に恵まれたわけではない彼が残した五枚のスタジオアルバムのうち、最後から二番目の作品。ウーリッツァーの最初の一音を聴いた瞬間、わたしはこのアルバムを長く聴くことになるだろうと直感し、そのままアルバムを聴き通したあと、自分の直感が誤りではなかったことを知った。

そういえばあの年の末、ピーター・バラカンのラジオで年間ベストアルバムを募るという恒例の企画があって、このドニー・フリッツのアルバムをリクエストしたことがあった。それほどこのアルバムが好きだった。「海外在住の榎本空さん」とあのバラカンさんの声で名前が呼ばれたときは——そしてその放送のあとも、同じような調子でわたしのリクエストを読み上げてくれることが何度かあったのだが、そのたびに――、なんだか自分の存在が大海原から掬い上げられたような気持ちになったことを覚えている。

外国での生活が長くなり、日本には背を向け、かといってアメリカに腰を据えるつもりもなく、学ぶという言葉だけを頼りに、いや言い訳に、ひとつの場所からまた次の場所へとさまよっていたわたしには、ラジオのむこうから流れてくる自分の名前が、海に投げ込まれた浮き輪のように聞こえたのかもしれない。

＊＊＊

『オゥ・マイ・グッドネス』のレコードは、ノースカロライナにいた頃に手に入れた。ネットショップで購入し、気づいたときには、ずっとここにいましたというような顔をしてレコードの棚に収まっていたから、それをいつ、どんな状況で買うことにしたのか、あまり覚えていない。博士課程の半ばに訪れる関門の試験を受けることが決まり、にわかに現実味を帯びてきた帰国を前に、アメリカで買えるレコードは今のうちに買っておこうと、買ったような記憶がある気もする。ただそれは、チャールズ・ロイドかイナラ・ジョージ、あるいはカレン・ダルトンのレコードであったとしてもおかしくないし、もしかしたらラジオ局に配るために刷られたハース・マルティネスの白ラベルの見本盤だったかもしれない。

自分が蒐集してきたものに、そのような記憶が欠如しているということは、まったく不思議に思える。集めるということには記憶が張り付いているはずだから。人差し指の操作ひとつであまりにも呆気なく所有物となってしまったレコードは、記憶を奪ってしまうのだろうか。ベンヤミンが書くような蒐集家の「分散に抵抗する戦い」――レコード屋でしゃがみこんで、レコードをぱたぱたとめくって、その中から一枚引っ張り出すこと、そうやってわたしたちは分散に抗う、誰かが一度集めたレコードたちは、じきに持ち主のもとを離れ、そしてまた誰かがそれを違う基準に則って集め直す、そうしてレコードのアーカイヴは刻々と変化していく――を引き受けることも、それを手に入れたときの「霊感に打たれたかのよう」な心地を経ることもなく、玄関先まで誰かに運んでもらったレコードの箱をまるで我が手柄のように引きちぎったこととの代償が、記憶の喪失だったのだろうか。

ただ、レコードプレイヤーの上をあの吸い込まれるようなテンポでゆるゆるとまわり続ける『オゥ・マイ・グッドネス』の漆黒のレコード盤を見ていたときに、こう思ったことは覚えている。つまりこのアルバムを定義づけているのはノスタルジアやメランコリーではなく、長い年月を経てようやく自分の思い描いていた音を表現できたことの喜びではないのかと。もしかしたら、ドニー・フリッツはずっとこんなアルバムを作りたいと願いつつ、そうできなかったのではないか。老成したものだけに可能な、おっちゃんのリズムならぬおじいちゃんのリズム。それをとうとう会得したという自由が、このアルバムには通底しているのではないか。

それともあれは思い違いだったのだろうか。結局のところわたしの好きなアーティストのほとんどは、わたしがかれらを知る頃にはすでにその晩年にいるか、もしくは亡くなっている——さいたまスーパーアリーナで「イマジン」の日本語訳を歌う忌野清志郎を知ったとき、彼は闘病中だったし、ジェリー・ガルシアを知ったのは、彼が亡くなってすでに十年ほど経ったとき、大瀧詠一は結局一枚も新しいアルバムを出さないままリンゴを喉に詰まらせて亡くなってしまい、ダニー・ハサウェイもジョアン・ジルベルトもサム・クックもカーティス・メイフィールドも、そういえばジム・ディッキンソンも誰もいなかった、そうして音楽に取り憑かれた死者たちのリストは続いていく。

わたしはたいてい遅れて音楽を聴く。だから音楽を聴くとは、死者たちの声を聴くこととどこか似ている。そう、いなくなったはずの人たちの声が聴こえてくるのだ。

ドニー・フリッツもまた、二〇一九年に亡くなった。

さて、名声はつかのまで、星々は落ちる

あそこに立つのが、芸術家の仕事
幸運は誰かに口づけすれば、誰かの前を素通りしていく
失望とバーボンは心に重い
心に重い
さて、わたしはリシーダの家にひとり
月明かりの下、レイトショーを見る
画面に、どうしてか、父さんの顔が
切なくて笑ってしまう、父さんより歳とったなんて
父さんより歳とったなんて

エロール・フリン

ジョーズ・パブの扇形のステージには、ウーリッツァーのピアノと、その隣に『オゥ・マイ・グッドネス』をプロデュースしたジョン・ポール・ホワイトのためのスツールがひとつ置かれている。ふたり編成のライブだった。

定刻になってもふたりは舞台に登場せず、代わりにプロジェクターがするすると下りてきて、映像が映し出された。ドニー・フリッツのドキュメンタリー映像。顔面の皮膚癌か

ら回復した彼がピアノに再び向かうまでを、彼の盟友たち――ダン・ペンやジョン・プライン などだ――のインタビューを交えて描き出す。

しばらく映像に見入っていると隣のももこが肩をつつき、うしろを見ろというので振り返る。すると、そこにはキャップをかぶったドニー・フリッツがいた。バーボンだか、ウォッカだか、ビールだかを啜りながら、まるでついさっき南部の埃っぽい街から出てきて偶然ジョーズ・パブに居合わせたみたいに、これから始まるショーに自分が出演することを忘れているみたいに、でもプロジェクターに映る顔にしわの入ったウーリッツァー弾きの姿をどこか満足げに見つめながら、木製の黒いチェアに深く、深く腰を沈めて。

ビートマスとレコードのないクリスマス

クリスマスが近づいてきて、街にもクリスマスソングが溢れるようになると、わたしもあの偉大な作家ではないけれど、「十一月も終わりに近い朝」のことをふと思い浮かべてしまう。

子どもの頃は島にいて、その島は十二月もすぐそこだというのに半袖で過ごせるほどの暖かさで、それでもサンタの鈴の音が近くに聞こえてくるほどにはクリスマスの気配があって、朝の陽を浴びて海はキラキラと光っていて、サトウキビが刈られはじめて、どこからかゴミ収集車の奏でる「エリーゼのために」が響いていて、がじまるの木は強い風に吹かれてわさわさとしていた。

父が嬉しそうにクリスマスツリーを組み立てれば、それがクリスマスの季節の始まりの合図。リビングはあっというまに色を変えた。木製のアドベントカレンダーは赤と緑で、二十五個の小窓の向こうには、動物やら人形やらボールやらがこっそりと隠れていた。重たいスノードームは、落とさないようにゆっくりひっくり返すと、天変地異でも起こらぬ限りこの島ではまず見ることのない雪をふわふわと降らせて、水中の雪だるまの上にひとつ、ふたつと積もっては、無重力の空間を漂うように落ちていった。祖父母から毎年決まって送られてくるのは駄菓子がこれでもかと詰まった赤い靴下とクッキーハウス。つんとした匂いは、今考えるとジンジャーだったかもしれない。「拝啓」と書き出される祖父からの手紙がいつも添えられていて、その言葉はいつでもわたしを厳粛な気持ちにさせた。小さな島のクリスマス。そのときばかりはエメラルドグリーンの海も、真っ青な空も背景に退いてしまう。

＊＊＊

アメリカに移ってからは、八度のクリスマスを過ごした。

サンクスギビングが終わってクリスマスの季節になると、どこからともなく現れたツリー屋が、一年でいちばんきらびやかになったストリートにぽつぽつと立ち並ぶ。あぁ、これが本物のもみの木なのか、そう思って感嘆したことを覚えている。何しろ、島根の山間で寮生活をしていた高校生の頃、どうしてもクリスマスツリーが欲しくて山から木を切ってきたことがあったくらいだから。

初めてツリーを手に入れたのはニューヨークに来て二年目のこと。ジャケットを羽織っても意味がないほどの寒い冬だった。働いていた教会の近く、たしか六番街のあたりでツリーを買った。首元くらいまである高さのツリーを抱えて、こんなときだけ力持ちだと隣を歩くももこに皮肉られたりもしたが、気にならない。いいのだ、クリスマスツリーを買うんだから。そう決意して鼻息荒く、排気ガスで薄黒く変色したどろどろの雪に足を取られながら一ブロックほど歩いた頃には、手のひらに透明の樹液がベタついて、なかなかとれなかった。大都会のクリスマスはあまりに眩しくて、現実離れしていて、我を忘れそうになるのだけれど、教会の三階の閉ざされた部屋に置かれたどこか気の抜けたような不恰好な、飾りも何もついていないツリーは、まるで自分を見ているようで、安心した。

その翌年はノースカロライナでクリスマスを迎え、またツリーを買った。

鮮やかに紅葉した木々が葉を落とす頃、メソジスト教会の隣の空き地がツリー・マーケットになる。大、中、小のもみの木がそれぞれ選り分けられ、並んでいる。その中を迷路のようにさまよい歩いて、この木はバランスが悪いだとか、この木はすぐに枯れそうだとか考えながら、その年のクリスマスの一本を探す。あのときももこは妊娠中だったから家にいて、わたしは一人だった。越してきたばかりで車もまだなく、どうやってツリーを家まで運ぶのか心配する彼女をよそに、わたしはいつものごとく見切り発車で、最悪バスに載せて帰ればいいと――チャペルヒルの街には無料の、ノースカロライナカラーである水色のシャトルバスが縦横に走っていた――、たかをくくっていたのだ。

ツリーを選び、敷地内の簡易の事務所に行く。出てきたのは、たしかにこのような場所に典型の風貌と言われればそう思えてくるような細身の、作業服姿のおじさん。中でコーヒーでも飲んでいくかと訊くので、わたしは二つ返事でガスストーブのたかれた狭い小屋に入った。曇り空の風が強い日で、暖かければそれだけでありがたかった。インスタントのコーヒーがあっというまにできあがる。とても熱くて薄いコーヒーを啜りながら、おじさんと話した。普段は木こりで、クリスマスの時期になるとここでツリーを売っているという。最近、二人目の赤ん坊が生まれたばかりで、夜泣きがひどい。昨日は二時間しか寝てないよ。そう言う無精髭の生えたおじさんの表情からは、たしかに憔悴がにじみでている。

お前も父親になるなら覚悟しとけよ。眠れないぞ。スリープトレーニングとかしてるやつもいるようだけど、信じられないね。泣いてる赤ん坊をほっとけるなんて。俺にはとてもできない。

おじさんはベビーベッドに転がる女の子があーあーとうなっている動画を、こちらの手に押しつける。わたしの長女は翌年の四月に生まれる予定だった。父になるなどとは信じられなかったが、いつのまにか父になっていた。

俺のかみさんは、あの大学病院で看護師してるから。

それは長女が生まれる予定の病院で、そんな偶然をわたしたちは喜んだ。

車がないならツリーは配達してあげよう。今日の夕方には持っていけると思うぞ。

その言葉通り、同じ日の午後、クリスマスツリーを屋根にくくりつけた白いステーションワゴンが家の駐車場に入ってきて、わたしたちは無事にその年のツリーを部屋に迎えることができた。

もみの木の枝に短いろうそくをいくつも灯して、あかりを消した部屋の中、それが一本、一本ゆらゆらと、最後まで消えていくのをただ眺めていれば、暗闇に残るのは焦げたもみの葉から漂うクリスマスの匂いだけだった。そんなクリスマスをいつも懐かしく思う。

＊＊＊

ノースカロライナで初めてのクリスマスは、どのクリスマスソングを聴いていただろうか。ドリフターズの「ホワイト・クリスマス」を繰り返し聴いていたかもしれない。あるいは、あの街はジェイムズ・テイラーの育った街だったから、彼のクリスマスアルバムを聴いていたかもしれない。

高校生の頃に、ビートマスの『XMAS!』というアルバムをビートルズが出した最新のクリスマスアルバムと勘違いして買って以来（ビートマスというのはデンマークのラバー・バンドというビートルズのコピーバンドの別称で、このアルバムは、「チケット・トゥ・ライド」のイントロが「ホワイト・クリスマス」に接続されていたりとなかなかごきげんで、買った当初は、ビートマスをビートルズの棚にしれっと並べた誰かを恨めしく思ったり、それをとうの昔に解散していたビートルズの新作と微塵も疑わずに嬉々として手に取った自分を呪いもしたが、結局愛聴盤となった）、そして特にレコードを集め出してからは、毎年、クリスマスのレコードを買うようになった。

ある年はニック・ロウのクリスマスアルバム、ある年はヴィンス・ガラルディのクラシック、またある年はレコード屋の三ドルコーナーで見つけたフィル・スペクターのナイアガラ・コンピレーション。クリスマスアルバムというのはとにかく名盤が多く、毎年一枚のペースではとても間に合わない。

しかし今年は十一月のある朝はおろか、クリスマスまであと一週間を切った今でさえ、レコードを買えずにいる。たぶん今年はクリスマスのレコードを買わないだろう。遠くのガザで起こっている現在進行形の虐殺は、あらゆる混じり気のない喜びを不可能にしてしまう。ポール・マッカートニーのすべてを忘れて今を楽しもうぜという楽天はいくらなんでもグロテスクだし、かといってジョン・レノンの「戦争は終わった」という壮大な理想主義はあれから五十年後の今、戦争が続く今、人びとがそれでも殺されていく中、無邪気に信じるのは難しい。

もちろん想像はしてみるけれど、もちろん戦争反対と叫ぶけど、それだけで十分だとは思えない。もっと拒否しなければ。この虐殺を可能にしている様々な条件から、少しでも身を引かなければ。

だからわたしは、クリスマスのレコードを一枚、ボイコットする。いや、ボイコットという言葉は尊大かもしれない。そもそも、ボイコットするなら、レコードより先にやめるべきものがあるだろう。でも、コーヒーのチェーン店もファストフードのチェーン店もないこの島で、他に何を拒否すればいいのだろうか。それに、今年のクリスマスは、レコードを買うような気持ちになれないのだ。そんなあまりにささやかで、ひとりよがりで、人知れない行為であっても、何かを諦めなければならないような気持ちでいる。やっぱりボイコットだ。

もちろんそのような虐殺からまったくの自由であったクリスマスがあったかどうかは疑

わしい。そもそも二千年前のイエスの誕生物語自体、ヘロデ王によるベツレヘムの子どもたちの虐殺物語と切っても切り離せず、クリスマスの物語にはすでに幼児の泣き声が響いている。

ラマで声が聞こえた。
激しく嘆き悲しむ声だ。
ラケルは子供たちのことで泣き、
慰めてもらおうともしない、
子供たちがもういないから

マタイによる福音書二章十八節

一九六三年、公民権運動最中のアメリカでは、作家のジェイムズ・ボールドウィンらがクリスマスのボイコットを訴えている。その年の九月十五日の日曜日、アラバマ州バーミングハム、十六番街バプテスト教会が白人優越主義者の仕掛けたダイナマイトで爆破され、日曜学校の準備中だった四人の少女が亡くなっていた。

この事件を知って、その足で地下室へと駆け込み、自作の銃を作ろうとしたのはニーナ・

シモンで、しかし当時の夫だったアンディ・ストラウドに止められ、彼女は代わりに「ミシシッピ・ガッデム」を書いた。一方、ボールドウィンをはじめとする「自由のための芸術家協会」は、クリスマスのボイコットを訴えた。

わたしたちはかれら「子どもたち」に、今年はサンタが来ないと伝える義務があります。なぜなら、サンタは今年も、次の年も、その次の年もプレゼントをもらえないバーミングハムの子どもたちを悼んでいるからです。そして、これをまだ理解できないような幼い子どもたちには、箱やカンやロープ、去年のおもちゃ、紙を貼ったり、描いたり、木や愛で、プレゼントやおもちゃを手作りしましょう。

これは『次は火だ』を書いて、公民権運動のヒーローとして絶頂期にあるボールドウィン。まだ人間の良心を信じていて、歴史の進歩を、未来の好転を疑っていない。白人世界の無知を教育し、かれらが自らを省み、心を入れ替えれば、世界はよくなるだろう、と。その点、世界の終わりを望んだニーナ・シモンは彼の一歩も二歩も先を行っていた。それからほぼ十年後、『巷に名もなく』を書いたボールドウィンもまた、アメリカにおける人種的暴力の構造の根深さについて、絶望を引き受けることになる。

わたしがレコードを一枚ボイコットしたところで、虐殺は止まることなく進んでいくのかもしれない。そう嘆いたところで、それはなんの免罪符にもならない。わたしもまた、その中の一人として、かれらの死の責任の一端を免れ得ないだろう。でもそうやってでも、わたしはあの遠くの地とのかすかなつながりを手放したくはないと思った。

このクリスマス、わたしはまったく別の、もうひとつの世界、誰も帝国や植民地主義や人種主義や家父長制や戦争によって殺されなくてもいい世界、そんな世界を想像する。

side・B

ドクターQが教えてくれたり、教えてくれなかったりしたいくつかのこと

ドクターQと一緒に暮らしたのは一年も満たなかった。

本名は明かせないからドクターQ。年齢も教えられない。どこで生まれたか？　そんなこと教えられるわけがない。誰が聞いてるかわからないからね。CIAにつけられてるんだ。昨日もあの角から誰かに見張られてたよ。まったく物騒な世の中だ。おちおち外を歩いてもいられん。ん？　昔はバークレーの大学院で法哲学をかじったよ。ここらは庭みたいなものさ。まさか神学校にやっかいになるとはね。イエスという男はまったく変わったやつだ。神とは思えんがね。僕は無神論者だよ。神を信じるなんてどうかしてる。正気の沙汰とは思えんね。

会話の成り行きでわかったのは、彼がフィリピン系アメリカ人ということだけ。母親がフィリピンから出てきたのか、それとも彼もフィリピンで生まれて移住してきたのか、あるいは別のルートをたどってきたのか、わからない。両親は健在なのだろうか。シングル

マザーだったのか。兄弟はいるのだろうか。

ドクターQの来歴はいくつもの問いからできていて、確実な答えに落ち着くことはない。たしかに顔つきはアジア系で、黒い縮毛がほうぼうにカールしている。ヒゲは伸び放題で顔を覆い、髪の毛との境目はほとんどなくて。髪の毛の隙間から覗く右目は見えないのか、見えにくいのか、長い間砂浜にうもれて、波に侵食され角が丸くなったガラスのかけらのように青白く濁っている。

同室だったジョンはわざわざドクターQのためにエアベッドをどこからか見つけてきたが、結局それはいつも壁に立てかけてあってとうとう使われることなく、ドクターQはリビングのカーペットの上に、二枚重ねた段ボールをしいてその上で寝ていた。こっちの方が寝心地がいいんだ。嘘じゃないよ、試してみるか。段ボールといってもなんでもいいわけじゃない。このなみなみのクッションがあるかないかで大違いなんだ。

シャワーを浴びているところは見たことがなかった。シャワーでもどうぞ、そう勧めると、ドクターQは弁明するようにもごもごと言う。どうもありがとう。でも心配いらないよ。三日に一回は洗面台で髪の毛を洗うようにしてるから。

ドクターQは何年、路上で生活していたのだろうか。路上での生活が屋根の下での生活よりも長いことは、どこか怯えたような足取りからも、くたびれた、影のように消えてしまいそうな背中からも、誰かに殴られたとかで片方のレンズにひびが入ったメガネからも、確実であるように思えた。

バークレーではホームレスが珍しくなかった。ヒッピーの末裔たちといった風情の白人の若者が駅前にいつもたむろしていたし、高騰する一方だった家賃は、路上を生活の場に変えることを強いた。どんな慈善事業も、かれらすべてに部屋を提供することはできなかった。それでもドクターQのように高齢で、しかもアジア系のホームレスを見かけることはあまりなかった。ドクターQは、これまでずっとアメリカ社会の隅で生きてきたのだろうか。家を持たずに生きてきたのだろうか。

ドクターQは、毛布一枚かけずに寝ていた。バークレーの気候はいつもどこか暑くて、どこか寒い。ちょうどいい服装というものが見つからず、シャツか薄手のアウターを持ち歩いて、寒くなればそれを着て、暑くなったらまた脱ぐ。少ない写真を見返してみても、どれも同じような服装なので、いつの季節に撮ったものなのかわからない。天候に記憶を妨げられる。ドクターQはよれよれの黒いコートを着ていて、ポケットにはしわくちゃのナプキンがいくつも入っていた。いつ必要になってもいいようにね。

他に持ち物は肌身離さず持っているポシェットと、リュックサックひとつ、それだけ。中身はけっして人には見せない。

＊＊＊

わたしたち夫婦がアメリカ西海岸のバークレーにわたったのは、二〇一四年の夏のこと。それまでの一年半は台湾にいて、アメリカに住むのは初めてだった。バークレーには、急な坂をえっさえっさと登った先の丘に、神学校がいくつか点在している。だからそこはホーリーヒル、聖なる丘と、愛称とも皮肉とも取れるようなありがたい名称で呼ばれていて――神学生はその名前に誇りを抱いていたのだが――、わたしはその中の神学校のひとつに行くことになっていた。

神学校には寮がついている。寮は格安で、他に部屋を探すまでもなかった。もっとも相部屋だったから、ももこも一緒に暮らせるか定かではなく、どうなるだろうかと、とりあえず同室に訊いてみればどうにかなるんじゃないかと、何とも当てずっぽうにふたりでここまできたのだ。

同室はジョンといった。キャップをかぶった、Tシャツに半ズボンの、いかにもカリフォルニアという感じのやさしそうな白人の青年。

実は結婚しててね、パートナーと一緒に住めたらと思うんだけど、できないかな？

そう聞くと、ジョンはどうしてか我が意を得たりというように、きらきらした瞳を一層輝かせて、早口の西海岸訛りで、何か言っている。

もちろんさ！　それはクールだ！　実にクールだ！　僕もね、君に言っておかなきゃいけないことがあって……

結局、彼の言葉を最後まで曖昧にしか聞き取れぬまま、わたしはとにかくももこと一緒に暮らせる算段はついたようだと早合点して、そのことを彼女に報告した。

寮で暮らせるみたい。一応個室だから大丈夫そう。なんか言ってたんだけど、ちゃんと聞き取れなかった。とても早口でね。ホームレスのおじさんも住んでるって言ってたような……

そこ大事でしょ!?　なんで聞き返さないの!?

翌日、部屋に行くと、ジョンとドクターQがいた。ドクターQが通りで暴徒に襲われているのを、たまたま見かけたジョンが助けたのだという。そして行く先のなかったドクターQを、寮まで連れてきた。

君たちが同室でほんとによかった。ああ、いい同室をもった。神様に感謝しないと。奇跡だ、これは！　祈りは聴かれるんだな。クールだ。ジョンは興奮して喋り続けている。

ジョンは熱心なクリスチャンだった。聖書の言葉を一言一句そのままに信じる彼は、リベラルな気風だった神学校では異質で、よく教授や他の学生と議論を交わしていた。ジョンにとってドクターQを助けることは、彼なりの「イエスの愛」の実践だったのだろう。ドクターQが神を信じれば、彼は万事救われるはずだった。ホームレス状態からも、強迫的な幻覚からも、寂しそうな背中からも。シェルターでもなく、教会ですらなく、ジョンは神に頼ろうとした。

もっとも、徹頭徹尾、無神論者で皮肉屋だったドクターQは、ジョンに連れられて映画館で開かれるロックコンサートのような礼拝に出ても、半ば無理やり聖書を押しつけられても、大木のようになびかなかった。ジョンはジョンで、めげずに「伝道」をやめない。イエスに出会ってそのままでいるってことは、シャツを汚さないでスパゲッティを食べるようなことだ。不可能なんだ！

そんな二人は、とても仲が良さそうに見えた。

＊＊＊

ジョンとドクターQ、わたしとももこという奇妙なバークレーでの四人生活は、思いの外すんなりと進んでいった。ドクターQのスケジュールはいつも決まっていて、朝早くに、段ボールのベッドを畳んで、外に出ていく。帰ってくるのは夜になってから。ときどき街でドクターQを見かけることがあった。どこかに向かうでもなく通りをぶらついていて、目は虚ろで。部屋にいるときとは別人のように見えて、声はかけづらかった。それでもストリートは彼にとって自由とか、故郷とか、そういう言葉にもっとも近づける場所だったのかもしれない。それともあの小さな部屋は、ドクターQが長い放浪の果てにようやく見つけた家だったのだろうか。

ドクターQはバークレーの街のいつ、どこで無料の食べ物が配られているのか、そういう情報にめっぽう詳しくて、わたしたちにも教えてくれた。そんな情報がドクターQの命の綱だったのだろう。ソルー、あそこのピザ屋で無料ピザを配っているぞとか、今日は教会で炊き出しがある日だとか。わたしたちもだんだんとそういう事情に詳しくなっていって、どこかでフリーフードを見かけたときは、ドクターQに教えた。

あれはサンフランシスコ・ジャイアンツがワールドシリーズで優勝した夜、ピザ屋の店頭に人だかりができていて、何事かと思って近づいてみると、ピザがまるまる一枚配られている。わたしたちも人を押しのけペパロニのホールピザを二枚受け取り、狭い部屋に帰って、ジョンとドクターQと食べた。こんな偶然、聖霊の働きに違いない！　テスト期間にピザにありつけるなんて！　僕は最高にクールなルームメイトを持ったよ。これは興奮したジョンの言葉。

何がきっかけだったか忘れたが、毎晩、ドクターQが英語の単語を一つずつ教えてくれるようになった。大方、わたしのつたない英語を見かねたのだろう。ソルー、プリンセス・モモ、英語を教えてやろう。紙と鉛筆を持ってきなさい。書いてあげよう。

discombobulated（混乱した）

rain check（その日はあいにく空いてなくてね、別の日ならいいんだけど）

毎晩の英語教室で学んだ難解で、一見なんの脈絡もないような単語たちは、ドクターQの曖昧で、謎だらけの来歴の隙間を少しだけ埋めてくれた。あの単語はさぁ、ドクターQのことをよく表しているなぁと思ってたんだよ。ももこが言う。そうかもしれない。夢と現実を行き来するドクターQにとって、世界はとても、とても混乱していただろうし、おっかなくて、敵意があふれているように見えただろう。誰を信頼していいか、誰が敵で誰が味方なのかもわからない。道行く人みなが、CIAの捜査官に見えてくる。どこかに誘われても、レイン・チェック。都合が悪いんだ、また今度。自分の身を守るため、そんな言葉がいつしか手放せなくなった。ドクターQにとって善意のかたまりのようなジョンは、その一方的な愛情は、どんなにか心強かっただろう。

＊＊＊

ドクターＱは、音楽が好きだった。部屋で音楽を流していると、いつのまにかドクターＱが戸口に立っていて、それブライアン・ウィルソンかとか、コルトレーンはいいねとか、レオン・ラッセルは聴いたことがあるかとか言いながら、部屋に入ってくる。ジャクソン・ブラウンの「コカイン」という曲のどこかで拾ってきたライブ音源を聴かせると、わたしは忘れもしないのだが、ドクターＱはこうつぶやいた、ジャクソン・ブラウンはこんなに下手くそに歌を歌えるのか、知らなかったね。こと音楽に関しては、いいものと悪いものについて他人の基準を受けつけず、辛辣な人だった。

夜遅く、わたしとドクターＱとジョンの三人でリビングに集まって、パソコンを回しながら音楽を聴くことが何度かあった。ジョンの発案だった。真夜中の音楽鑑賞会。参加者は三名。服装は自由。一人一曲、流した曲は最後まで聴くこと。順番は厳格に決まっていて、ジョン、ドクターＱ、そしてわたし。好きな音楽をかけることが鉄則で、批評は惜しまない。

ある晩のこと、まずはジョンがいつものように、現代風のクリスチャン・ポップミュージックを流す。ドクターQのコメントはここでも辛辣だった。おいジョン、これは音楽とは言わんぞ。うるさいだけじゃないか。

それからドクターQの番になる。彼はまったくの現実の中にいる。彼を追いかけてくるCIAの覆面捜査官もこの部屋までは侵入してこない。ソルー、そうだな、ニール・ヤングはどうだ。『ハーヴェスト』から一曲流してくれ。ジョン、よく聴いておきなさい、音楽っていうのはこういうのを言うんだ。

そうして最後はわたしの番。ジョンにも、ドクターQにも響くような音楽がいい。迷った挙句、一九七二年のボビー・チャールズによるセルフタイトルのアルバムから「セイヴ・ミー・ジーザス」をかけた。ブルーズとR&Bの名門であるチェスレコードから初の白人シンガーとしてデビューした彼が、ニューオリンズから東部、ニューヨーク州の田舎町であるウッドストックへと流れ着き、彼の地の名うてのミュージシャンと制作したソロアルバムに収められている、ウッドストック流の皮肉っぽいゴスペル曲。ウッドストックと言えば愛と平和の祭典、フェンスをなし崩しにしたヒッピーたちの饗宴、ジミ・ヘンドリックスのゆがんだギターの音色が真っ先に思いつくが、どこか退廃的なミュージシャンたちが世から隠れるようにして、黙々と良質な音楽をつくり続けていたウッドストックにわたしは惹かれてしまう。

主よ、お救いください
主よ、お救いください
主よ、お救いください、主よ、お救いください
神が見捨てたこの地から

セイヴ・ミー・ジーザス

曲が終わると、ドクターＱはニヤッと笑って言った。ジョン、ソルーは音楽を知ってるぞ。

ドクターＱは数ヶ月であっけなく部屋を出ていった。ドクターＱが寮にいることが問題になり、部屋にいられなくなったのだ。

彼のいない、空っぽになったリビングには、律儀に段ボールが畳まれていた。

＊＊＊

日本に一時帰国していたときに立ち寄った京都のレコード屋で、ボビー・チャールズのレコードを見つけた。日本盤だった。レトリバーと戯れるボビー・チャールズのジャケットを見て、あっと思った。ドクターQはまだバークレーの路上にいるのだろうか。また二人に会いたくなった。

『アメイジング・グレイス』を探して

最近ある本を翻訳していたら、アレサ・フランクリンのことが書いてあった。それもほかならぬ、『アメイジング・グレイス』を録ったときのアレサ・フランクリンが。翻訳上の必要もあって、二〇二一年の公開当時は観ていなかった――一九七二年にロサンゼルスのニュー・テンプル・ミッショナリー・バプテスト教会で収録されたこの映像は、技術的な問題であったり、権利の問題であったりと紆余曲折を経てようやく公開された――同アルバムの収録過程を撮ったドキュメンタリー映画、『アメイジング・グレイス』を観てみたら、時間を忘れた。圧巻だった。

アレサ・フランクリンが格別だというのはもちろんだが、そして彼女を支えるコーネル・デュプリーやチャック・レイニー、バーナード・パーディらの、ゴスペルというジャンルにソウル・ミュージックを持ち込むという点において、当時としては非常に先進的だったと言われる「悪魔のリズム・セクション」の演奏がすばらしいことも当然なのだが、教会そのものが発する熱気に圧倒された。それが五十年以上も前の映像であることも、それが二十七インチの覗き窓みたいなモニターに映っていることも、その音がアメリカから持って帰ってきた、そして沖縄の湿気とヤモリの糞に容赦なくさらされていくぶんくたびれてしまったKLHの古いスピーカーから出ていることも関係なかった。

ミック・ジャガーが場違いに見えてしまうほどの黒々とした悦び、歓喜、つまり汗だくになった数多の肉体が足を踏み鳴らすこと、複雑な手拍子を刻むこと、通路に出てステップを踏むこと。会堂が揺れること。会衆がつかのま、日々の悪夢を忘れ、自分という存在も忘れ、ただただ音のひとつに身をゆだねること。多種多様な叫び声が、至上の音楽に変わること。リズムがだんだんと前のめりになっていって、均整の取れた無秩序が――聖歌隊を指揮するアレクサンダー・ハミルトンの差配である――、世界を呑み込もうとすること。そんな瞬間の分厚さに言葉を失った。

すぐに思い出したのはジェイムズ・ボールドウィンの言葉だった。彼が「ひどく私を興奮させ」たと、そして「その興奮から醒めたことはないし、これからも醒めることはないだろう」と書いた、黒人教会についての言葉。

聖者たちが法悦にひたり、罪人たちがうめき声をあげ、タンバリンが音を競い合い、人々の声が一つになって神に忠誠を叫ぶ、そのような音楽は他にはないし、そのようなドラマも他にはない。

ここでボールドウィンは、彼がまだ十代半ばだった頃、ハーレムの教会で説教壇に立っていたときのことを書いている。それからボールドウィンは教会を離れ、小説を書くようになるのだけれど、しかしあのときに経験した興奮から醒めることはないだろうと。

時として予告もなしに教会に充ちあふれ、リードベリーや他の多くの人々がその裏づけをしたような、教会を「揺り動かす」ほどの情熱の火と興奮とに相当するものを、わたしはまだ見たことがない。

ボールドウィンが本当の意味で教会から離れたことがなかったように、アレサ・フランクリンもきっと教会から離れたことはなかった。骨の髄にまで染みついたその伝統から、離れることなどできなかったのだろう。だからかれらの歌も小説も、根本において霊歌であり説教なのだと思う。それはなんらかの超越性にむけて開かれている。人間以上の、目に見えないなにかにむけて、開かれている。かれらの小説や歌を読んで、聴いて、そのことを疑う人は少ないだろう。

単純に信心深いとか敬虔だということではない。なにか具体的な名前を持った神を信じているだとか、イエスを神と認めているだとかということでもない。少なくとも、それだけではない。むしろそれはある種の自由の感覚とかかわっている。目に見える現実がすべてではないのだと、所与の条件をすべて鵜呑みにする必要はないのだと、そんな拒否の態度とかかわっている。あらゆる現実のただなかにあって、もうひとつの世界を、ありえるかもしれない世界を、ユートピアをあえて想像してみることにかかわっている。超越性とは、あの世ではなく常に今ここの問題なのだ。

『アメイジング・グレイス』が録音される約七年前、ニュー・テンプル・ミッショナリー・バプテスト教会が位置する隔離されたワッツ地区では、暴動が起こっていた。白人警察官が飲酒運転の容疑で黒人の若者を逮捕したことをきっかけに起こった暴動で、三十四人が亡くなった。それから七年後、アレサ・フランクリンが、小さい頃にピアノと歌の手解きを受けたジェイムズ・クリーブランド牧師のかたわらで説教壇に立ったとき、そんな暴動の記憶は生々しかったはずだ。ブラック・パンサーの後の、麻薬撲滅戦争前のロサンゼルスの黒人地区で、アレサ・フランクリンは歌っていた。あの教会にあって、忘れてしまいたい悪夢ならいくらでもあったに違いない。

それにもかかわらずアレサは歌い、会衆は踊り、叫び声をあげ、足を踏み鳴らす。たとえ二日間だったとしても。それが自由でなくてなんなのだろう。叛乱でなくてなんなのだろう。暴動でなくてなんなのだろう。

そんなことを教えてくれたのは、ニューヨークで学んだ黒人の神学者だった。何度も、わたしは、あの教室に引き戻されてしまう。どんっ、どんっとテーブルを叩いて、原稿を読み上げる声ひとつで、古ぼけた小さな教室を礼拝堂へと変えてしまった先生がいた、あの教室へ。

思えば、黒人教会に行ったことはなかった。ニューヨークにいた頃はハーレムの近くに一年住んだけど、ゴスペルで有名なハーレムのアビシニアン・バプテスト教会にも、ハーレムでいちばん古い黒人教会だというマザーＡＭＥザイオン教会にも行かなかった。そのあと五年間住んだノースカロライナに移ってからは、大学の近くに、公民権運動の歴史を誇る小さな黒人教会があったにもかかわらず、そこにも結局行かずじまいだった。黒人教会に観光気分では行けないと思っていたから。カメラを肩からぶら下げて、入場チケットを握りしめて、そんなふうに行ってしまえば、かれらの聖所を冒瀆してしまうのではないかと思ったから。

それでもアレサが歌った空間をどこか親しみをもって感じてしまうのは、コーンの教室にいたことがあったからだと思う。よそ者として、しかし十名足らずの生徒のひとりとして。どれだけわたしの存在が、ミック・ジャガーのぎこちない手拍子のように明らかに場違いであろうとも、あの瞬間の奇跡には、よそ者をひとり包摂するくらいのスペースはあっただろう。いや、ひとりどころか、何十人、何百人でも。それほどの説得力が老神学者の声にあったし、それと同じだけの説得力を、わたしは画面越しのアレサの声に聴いたのだ。

＊＊＊

そうしてわたしはレコード棚に向かう。アレサの『アメイジング・グレイス』のレコードがどこかにあったはずだ。わたしのレコード棚は、細野晴臣コーナーを除けばということだが、あとはジャンルごとにゆるやかに分かれている。ロック、ソウル、ジャズ、ラテン、邦楽。アレサをしまったであろうあたりからレコードを引っ張り出しては、また入れて、埃をはらいながら一枚ずつレコードを探していく。

それはわたしにとって「人生のなかにもぐりこみ、腕を奥までつっこんでじかに触れ」るというよりは、あの礼拝堂に近接していくために避けることのできない儀式のようなもの。レイディ・ソウルをリビングの片隅に置かれたささやかな聖所に招待すれば、会衆は少ないけれど、シャウトもステップもないけれど、説教壇も会堂もないけれど、もしかしたら子どもたちが一緒に踊ってくれるかもしれない。肩車をせがんでくるかもしれない。

そうしてわたしは、ナット・ヘントフが描くジャズのピアノ奏者、ゴッドフリーのレコードに対する懐疑を押し除ける。「レコードは写真のアルバムみたいなもんだ。いざというときには、いつでも聴けるから持ってて悪くないもんだが、ドキリとはさせんね。ところがおれは、ドキリとさせられたいんだ」。レコードだってドキリとする瞬間がある。特にレコードがその部屋に唯一の、音楽を鳴らすミディアムであるときは。

ところがレコードの棚のソウルのあたりにも、ブルーズのあたりにも、ジャズのあたりにも、どれだけ探しても『アメイジング・グレイス』のアルバムは見当たらなかった。おかしい。レコード屋の埃っぽい床に膝をたて、木箱の中を漁っていたとき、たしかにあのダシキ姿の、女王のような冠をかぶって玄関前の階段に腰掛けるアレサのジャケットを手にした感触を覚えていたのに。やっぱり見つからない。もしかしたら、別のアルバムと勘違いしていたのかもしれない。

棚には、『ソウル'69』のアルバムがなぜか二枚あった。アレサがアトランティック・レコードから出した一九六九年のジャズ・ヴォーカル・アルバム。このうちの一枚が『アメイジング・グレイス』と入れ替わったのだろうか。知らぬ間に、魔法のように。しかし、マ

イクを片手に緑のボーダーの洋服を着るアレサと、ダシキ姿のアレサを取り違えるという
ことがあるだろうか。そうしてわたしは『アメイジング・グレイス』をレコードで聴きそ
びれ、ターンテーブルはからっぽのままだった。

フランシスコのサンクチュアリ

二十三丁目、六番街と七番街のあいだで爆発騒ぎがあったとき、メキシコ人のフランシスコ――ここではこの仮名を使う――はちょうど通りの向こう側を歩いていた。

わたしは教会に帰ってきたところだった。七番街二十五丁目の日系教会。ユニオン神学校での一年のプログラムを卒業した後、一年間住み込みの仕事をしていた教会。牧師見習いのような仕事だった。礼拝を手伝ったりとか、集会を開いたりとか。それから一年後、わたしは牧師にはならず博士課程に進んだ。

昔の工場を改装したという築百年を超える建物に相応のガウンッと大仰な音を鳴らすエレベーターに乗って三階まで上がれば、部屋がある。リビングとキッチン、寝室、あとは教会の備品が置いてある狭い物置がひとつあった簡素なフラット。大通りとは反対の台所側に縦長の窓が二つあって、手を振れば見えるような距離で、教会の裏にあったおんぼろのテネメントに入ったボクシングジムで人びとが汗を流していた。リビングには赤色のソファベッドが置いてあって、昔はそこで教会の人たちが集まっていたのだろうけれど、もうそういうこともなくなっていた。長い間そこに部屋があることさえ忘れられていたような、誰も住んでいなかった部屋。それがユニオン神学校の狭い一人部屋のあとに、わたしたちが住んだ部屋だった。

あの夜、ももこは日本に帰省中で、わたしはフランシスコと二人で夜ご飯を食べた。ウェストヴィレッジのラーメン屋で、フランシスコはたいそう気に入っていた。その前はおいしいブリトー屋を教えてもらっていたから、今度はわたしの番だった。それから二人で教会まで歩いて戻り、フランシスコは二十三丁目の地下鉄の駅でCトレインに乗って、当時住んでいたクィーンズのアパートに帰るはずだった。

爆発があったのは二十時半ごろ。後からニュースで知ったところによると、大型のゴミ容器に仕掛けられていた即席の圧力鍋爆弾が爆発したという。当時、つまり二〇一六年九月は、ヒラリー・クリントンとドナルド・トランプによる選挙戦のまっただなかだったし、マンハッタンでは国連総会も開かれていたこともあって、爆発騒ぎはそれからしばらくニュースを賑わせていた。十五年前の同時多発テロを想起した人も当然いるし、視覚障害者の施設の目の前でゴミ容器が爆発したため、ヘイトクライムを疑う人もいた。同じ日の朝には対岸のニュージャージーでも爆弾騒ぎがあり、ほかにも不発弾が見つかって、それらは結局同一犯による犯行だということがわかるのだが、あのときはとても混乱していたし、情報も錯綜していた。そして誰も、爆発のあったチェルシー地区の通りをフランシスコが歩いていたことは知らなかった。

教会のフラットからも爆発音が聞こえた。七番街に面したその部屋は静寂とは無縁の部屋だったけれど、その音は普段やむことのない車のクラクションやストリートの喧騒とは明らかに違っていた。ちょうどシャワーを浴びようと、いつまでたってもお湯に変わってくれないシャワーの水を恨めしげに見ていたところだった。最初はガス爆発でも起きたのかなと思った。古い建物の多いマンハッタンでそういうことがあるのは聞いていたから。でも、すぐに救急車とか消防車とかパトカーのサイレン音が街区一体を覆い尽くしてしまい、なにか尋常ではないことが起こったんだとわかった。ほどなく報道のヘリがあらわれて、一晩中、旋回音が止まなかった。

フランシスコから矢継ぎ早にメッセージがくる。

「たいへん」

「なにか爆発したみたい」

「教会に戻ってもいい？」

三階のフラットに息を切らして入ってきたフランシスコの顔は蒼白だった。黒いキャップをかぶって、Tシャツにジーンズ、その大きな、人を惹きつけるような瞳はいつも以上に見開いていた。

大丈夫？　なにか飲む？　あったかいお茶でもいれようか？

水でいい。

フランシスコは水を飲み干すと、スペイン語英語でとめどなく語りだす。ちょうどストリートの反対側で何かが爆発したと。すごい音がしたんだ。ほら、地下鉄の駅から少しいったところ、酒屋と床屋が並んでるじゃない。あのあたり。向こう側を歩いていたらきっと俺はここにはいなかったと思う。それくらい近くだった。

フランシスコは話し続ける。何が爆発したんだろう。とにかくすごい音だった。テロかな。怪我人はたくさんいたはず。悲鳴も聞こえたから。みんな混乱していた。また爆発があるかもしれないと思って、ここまで走って戻ってきた。とても怖かった。

あの夜、フランシスコのうっすらと日焼けした顔はずっと蒼白で、わたしはとても心配だったから、何度も今日はここに泊まっていったらと提案したのだが、そのたびにフランシスコは少し考えて、いや、やっぱり帰るよときっぱり言うのだった。きっと自分の部屋の方が安心できるのだろうと思ったわたしは、あのときもガウンッととても不吉な音を立てたエレベーターに乗って、フランシスコを教会の外まで送っていった。

なにより無事でよかったよ。
外に出ると、すぐそこの交差点がもう封鎖されている。遠回りして帰る。フランシスコはそう言って、救急車やパトカーのライトで青白くきらめく夜の街に消えていった。

＊＊＊

フランシスコはメキシコからの移民だった。たぶんあのときはアンドキュメンティド、書類未提出の移民だったのだと思う。とはいえ、彼についてなにか訳知りなことを書けるほど、わたしは彼について知っていない。どうして彼が移民となったのか、ある人類学者が「死と隣合わせの地」と呼んだ国境を越えるよう駆り立てたものがいったい何だったのか、どんな生活がメキシコにあったのか、そしてなぜ日系教会に来ることになったのか。

二十五丁目の日系教会で出会った、年も近くて仲もよかったわたしたちは、過去の話をあまりしなかった。いや、フランシスコだけではない。わたしは教会の三階に一年間住んでいたけれど、そこで出会った人びとの過去についてあまり知らない。大都会のビルの間にうずもれるようにして建っていたあの教会では、人の過去にむやみに立ち入らないことが暗黙の了解だったのだと思う。大都市に特有の人との距離のあり方を反映していたのだろう。あまりにもさまざまな事情を抱えた、あまりにも多くの雑多な人びとがあの街にひしめき合って暮らしていた。人が、生まれた地からも国からも離れて遠くへ行くのには色々な理由がある。それをすべて知ることはできないし、知る必要もない。そんな他人行儀とも言える都市が授ける匿名性という約束は、どうしてか心地よかった。

それとともに、わたしがあの教会の人びととの過去をあまり知らないのは、教会の中心だった日系二世、三世の信徒のアメリカ社会で生きていく上での知恵のようなものでもあったかもしれない。教会の日系人の多くは西海岸にルーツを持つ人びとで、つまり第二次世界大戦中に収容所を体験した人びとの子や孫たちだった。かれらの多くは大戦中、大戦後と東海岸に逃れてきたのだ。その中のキリスト者がマンハッタンの古い建物を教会に変えて、身を寄せ合ってきた。過去を語りすぎないことが、アメリカの地で生きていくための条件となったことは容易に想像できる。

長い時間をかけて、かれらはアメリカ社会の一部となっていった。かつて拒絶されたばかりか、犯罪者同然の扱いを受けた国にあって、しかしそこより他、帰る場所を持たなかったかれらは、過去を不問にし、未来に賭ける。突出することなく、社会の優等生として振る舞う。誰にも「迷惑」をかけず、自立する。そんなかれらの姿は、模範的な少数者、モデル・マイノリティとレッテルを貼られ、マジョリティからは過剰に称賛され、他のマイノリティからは非難されたが、かれらはただそこで生きようとしただけだった。もっといい人生を、誰かに後ろ指をさされなくてもいい生き方を、与えられた選択肢の中で求めただけだった。

それでも、二月十九日、かつて日系人を収容するための大統領令が署名されたデイ・オブ・リメンバランスの記念日になれば、教会の日系人たちは首から収容カードを下げて、路上に出る。自らの姿を晒し、自分たちがいかなる存在であるのか、いかなる歴史的な条件に絡まれているのか、世界に知らしめる。ユリ・コウチヤマの例を出すまでもなく——オーデュボン舞踏場で瀕死のマルコムXを抱えていた彼女も西海岸での収容体験を経てニューヨークに移ってきたキリスト者だったが——、かれらはいつでもモデル・マイノリティであったわけではない。

あの教会は、米国の日系人の歴史と不可分に絡まれていた。

＊＊＊

日本語を話さなくなった日系二世、三世、そしてかれらの子どもたち、日本から仕事や別の事情でやってきた人たち——すでに四、五十年とニューヨークに住み続けてきた人たちもいる、そしてわたしやケイ君のようなこの街への一時滞在者と、ほかに数名の非日系の人たち、二人の黒人女性、めがねをかけた細身の白人男性のホームレス、ジョセッペというイタリア人、そしてフランシスコ。わたしがニューヨークにいた当時、都会の教会らしく人の出入りが激しかった小さなモザイクのようなコミュニティにあって、それがいつもいる大まかなメンバーだった。

フランシスコはほとんど毎週、礼拝に通ってきていた。いつものキャップをかぶって、ちょっと猫背で、今日は来ないかなと思った頃に、ふらっと遅れて会堂に入ってきては後ろの方の席に座っている。若くて、気のやさしいフランシスコを教会のお節介焼きのおばあさま方が放っておくはずもなく、うちの娘をどうだと捕まえられても、彼は別に嫌がるふうでもなく、大きな瞳を輝かせて、日本語混じりの話をうんうんと聞いている。そのおばあさんは、広島で原爆を体験して、それからニューヨークに移住してきた人だった。フランシスコはそうやって半ば無理やり日本語に揉まれて、だんだんと言葉を理解できるようになっていった。「おはよう」とか「ありがとう」とか自分の名前とか、人懐っこく言うものだから、みなから好かれていた。

どうしてフランシスコは日系の教会にきたのだろう。一度、彼が愚痴をこぼしているのを聞いたことがある。今住んでるクィーンズのアパートはメキシコ人が多くて、夜な夜なパーティーをしてるから、うるさくてとても眠れない。もしかしたらフランシスコは、自分のことを誰も知らないような場所にいきたかったのかもしれない。そこでまったく新しい自分になりたかったのかもしれない。過去とはつながれていない誰かに。

フランシスコはよく日本語の質問をしてくれたが、デリでの仕事が終わってから、夜はアップタウンにまで出ていって語学学校で英語を学んでいた。コロンビア大学で開講されていた移民のための英語クラスだ。いつか市民権テストを受けるときのために、英語を学んでおかなくちゃならない。フランシスコはそう教えてくれたことがある。でもそのクラスもしばらくして、辞めてしまった。白人のように話せるようになることや、アメリカ社会の一員として認められることが、なんの保証にもならないと気がついたのかもしれない。それともマンハッタンのデリでモップをかけ、野菜を刻み、商品を陳列し、客の要望に応え、レジを打って、そういう生活でへとへとだったのかもしれない。

あの爆発騒動から明けて二〇一七年一月、ドナルド・トランプが大統領になってしばらくしたある日、フランシスコの顔はまた蒼白になっていた。

クィーンズのアパートの近くに強制捜査がはいった。移民が何人も逮捕されて、強制送還されたって噂を聞いた。フランシスコの声は震えていた。

トランプが大統領に就任して以来、書類未提出の移民の人びとはそれまでの二倍も、三倍も、簡単に逮捕されるようになった。犯罪を犯したわけでもないのにかれらは潜在的な犯罪者とみなされたし、アメリカとメキシコの国境線沿いには壁が建設され、奴隷制時代を彷彿とさせるような馬にまたがった国境パトロールが監視するようになった。アメリカが「偉大な」国へと再びなろうとする一方で、都市の日常の条件だったはずのフランシスコのようなよそ者が、標的にされ、あらゆる犯罪の原因を押し付けられた。いや、かれらの存在そのものが犯罪とされた。

引っ越ししなきゃいけない。フランシスコはそうつぶやく。兄さんたちの家族がいるから、そこに行くかも。そうして彼は住むところを、職場を、転々と変えた。ニューヨークという大都会を掻い潜るように動き続けながら日々をやり過ごしているうちに、仮定の未来が確実な未来に変わるというように。いや、確実な未来よりもなによりも、今、息がめいいっぱい吸える場所をくれというように。

わたしはその年の夏にノースカロライナに移った。フランシスコはいつからか教会にこなくなった。またどこかにつかのまのサンクチュアリを、守られた場所を見つけたのだと思う。

＊＊＊

長女が二〇一八年の春に生まれてからしばらく、わたしは長女とともにやってきたターンテーブルでキース・ジャレットばかりを聴いていた。『マイ・ソング』という一九七八年のアルバムで、難解な印象のある彼のアルバムの中ではかなり聴きやすい。特に理由があったわけではない。レコード屋でよく見かけるアルバムだったから、一枚くらい持っていても悪くないだろうと手に取った。「カントリー」という曲が好きだった。ヤン・ガルバレクがいかにもといった感じのノスタルジックなサクソフォーンを吹く曲で、わたしもまんまと郷愁にかられてしまったわけだ。まだ豆粒みたいに小さな赤ん坊と、始まったばかりのノースカロライナでの生活と、日に日にその暴力性をあからさまにしていくトランプのアメリカと――そう、わたしたちが大学院で星の数ほどの言葉にうずもれて暴き出そうとしていた暴力を、トランプのアメリカは隠そうともしなかったのだ――、頼りなげにかいがいしく回り続ける円盤と。わたしにも「ソウルを救うのに必要なささやかなこと」がほしかったのだと思う。最良の音楽がそんなつかのまの解毒剤ではなくて、なんなのだろう。

キース・ジャレットのコンサートには一度だけ行ったことがある。まだニューヨークにいた頃、二〇一七年二月にカーネギーホールで行われた公演だった。ホールの最上段から、あそこまですべり台で降りていければきっと子どもたちは大喜びでいつまでも帰ってこないだろうなという距離にキース・ジャレットの姿が見えた。ちょうど父がニューヨークに来ていて、一緒に行った。

キース・ジャレットは、バッハの平均律を演奏したアルバムを聴いたり、『ケルン・コンサート』のDVDをよく見たりしていた父の趣味だった。すごいやろ、この人。楽譜も見んとな、弾いてるんや。父が自分のことのように自慢していたのを覚えている。ちなみに高校生の頃、バンドをしていたという父は、時々思い立ったようにピアノの前に座っては、ビートルズの「レディ・マドンナ」のイントロを弾くような人だった。

あの日のキース・ジャレットは――それからしばらくして彼は脳卒中で倒れてしまい、以来コンサートはしていないのだが――饒舌だった。ケルン・コンサートで、うーうーとうめきながらピアノに身をうずめている姿からは想像できないほどに。ほとんどがコンサートの前月に大統領に就任していたトランプと彼の政治にかかわることだった。「これは私の知っているアメリカではない」とか。休憩が終わって、二部が始まるとき、袖から登場してきたキース・ジャレットに客席からフラッシュが焚かれると、「他のアーティストをリスペクトしなさい。私だけのことを言ってるんじゃない。もっとも我々の大統領はリスペクトがなにかってことすら知らないようだが」とか。

あの日の彼は、自分の義務を果たすように語っていた。大多数が白人で占められたその会場は予期せぬ彼の姿に驚きつつ、どよめき、沸き返り、拍手で応え、そして温かく迎えていた。あのリベラルなニューヨークの街にあって、みな、似たような気持ちを抱えていたのだろう。こんなはずではない、と。アメリカの真の姿はこんなものではない、と。わたしたちはもっとマシなものを受けるに値するはずだ、と。でも誰がフランシスコのことを覚えていたのだろう。

最後の曲が終わると、キース・ジャレットはこうつぶやいて舞台の袖に消えていった。

「君たちは、私を泣かせた最初の観客だよ」。

フランシスコはどうしているだろう。トランプの顔がテレビに映るたびに、そう思う。二〇一七年のあのときも、二〇二四年の今も。また震えてはいないだろうか。泣いたような笑い顔を見せていないだろうか。どこかに安心できる場所を見つけただろうか。いや、そんな心配などきっと無用だ。わたしは思い直す。彼は逃げる術を知っているから。どこにも行く当てがなくなったとき、それでも動き続けるということを知っているから。遠くへ、遠くへ、誰にも見つからない、捕まらない場所へ。国も権力も制度も何一つ彼を守るものがないとき、それでも彼はその何一つ当てにせず、動き続ける。そうやっていつか状況が好転するのを待っている。

長女が生まれたんだ、とノースカロライナにいた頃、メッセージしたことがある。すぐに返信があった。おめでとう。とっても会いたいよ。

会いにきてね、とは言えなかった。自分が呑気にいる場所が、フランシスコにとっては危険な場所であるかもしれないということ、そんな想像が頭をよぎった。いつかニューヨークにみんなで行くよ、そう返事をする。数日後、フランシスコから小包が届いた。真っピンクのユニコーンの人形が入っていた。

黒いキリスト、メアリー・ルー・ウィリアムスを記念して

初めて書いた本である『それで君の声はどこにあるんだ？』のブックデザインを担当してくださったアートディレクターの有山達也さんから、これはメアリー・ルー・ウィリアムスの『アンデスの黒いキリスト』みたいだねと言ってもらったことがある。正確には、そうおっしゃっていると編集者さんから教えてもらった。たいへんな音楽愛好家であり、並外れたレコード・コレクターである有山さんは――なにしろ『音のかたち』（リトルモア）というレコード本までつくってしまうのだから――、わたしの本を読んでくださったとき、すぐにこのアルバムが思い浮かんだのだという。『アンデスの黒いキリスト』はおろか、メアリー・ルー・ウィリアムスすら知らなかったわたしは、早速アルバムを聴いてみたのだが、一聴しただけではとても消化しきれないような、特別な音楽体験になった。そして有山さんが真っ黒くデザインしてくださったあの本を、ウィリアムスの作品に喩えてもらったことが、とても嬉しかったし、どこか腑に落ちるようでもあった。

＊＊＊

ジャズという音楽の形式に寄与した人物としてメアリー・ルー・ウィリアムスを記憶している人は少ないが――それは彼女が黒人で、女だったからだろうか――、それでもたしかに彼女は、「ピアノのファースト・レディ」と呼ばれるほどの伝説だった。

ビリー・ホリデイが生まれる五年前、エラ・フィッツジェラルドが生まれる七年前、一九一〇年にアトランタで生まれたメアリー・ルー・ウィリアムスは、母親からピアノを習い、幼い頃からピアノの天才として知られていたという。十歳になる前にステージに立ち、十五歳ですでにツアーに出ていた――もちろんそれは、同時代の黒人女性のミュージシャンの例に漏れず、幼いながらに家計を支えなければならなかった環境に強いられたものでもあったのだが。

ウィリアムスは、ファッツ・ウォーラーやアール・ハインズを手本に、ジャズからブギ、ラグタイムまでなんでも弾いてみせた。作曲家、編曲家としても秀でており、彼女に作曲や編曲を依頼したミュージシャンはデューク・エリントンからルイ・アームストロング、ベニー・グッドマンまで一流ばかりだった。

一九四〇年代、スウィング・ジャズの全盛期の終焉とともに、モダン・ジャズの先駆けとしてビバップという革新的なスタイルが生まれるが、そんな文化的、音楽的な変革のうねりの中心にはウィリアムスの姿があった。彼女のハーレムのアパートには、ディジー・ガレスピーやチャーリー・パーカー、バド・パウエル、セロニアス・モンクなどが夜な夜な集って、音楽を実験したという。ウィリアムスはジャズという音楽の未来を切り拓いていった時代の寵児らのメンターだった。

彼女はあるインタビューで語っている。

誰かがくるかもしれないから、アパートのドアはわたしがいないときも開けておく。タッド・ダメロンがアイデアが尽きたといって曲を書きにくるかもしれないし、セロニアス・モンクは実際いくつか曲を書いてったし。バド・パウエルの弟のリッチー・パウエルは、わたしの家で即興のやり方を学んだ。みんなここに相談にくる。チャーリー・パーカーは、弦楽器のグループを組んだらどうだろうとか訊きにくるかもしれない。それかマイルス・デイヴィスがチューバと組むのはどうかなって相談にくるかもしれない。

ところが一九五〇年代中頃、アメリカでの華々しいキャリアを経てヨーロッパに拠点を移していたウィリアムスは、活動を休止してしまう。ロンドンやパリでの活動は、当地の労働法などに阻まれて期待したようにはいかなかったのだ。ある日、パリのナイトクラブで演奏していたとき、彼女は突然ピアノ椅子から立ち上がり、クラブから出ていく。いや、音楽の演奏そのものからも足を洗ってしまう。精神的にも、経済的にも疲弊していた。もう、音楽は続けられなかった。「悪魔とは赤いドレスを着た女のこと……おもしろいと思わない？　悪魔の目を見つめてごらん、悪魔はあたしやあんたとよく似ているから」

ウィリアムスはハーレムに戻り、隠遁の生活を送る。慈善団体を立ち上げ、アーティストをケアして裏で支えようとする。その中には薬物乱用で心身ともにボロボロになっていたビリー・ホリデイもいた。数年後、バプテスト派のキリスト者だったウィリアムスはカトリックに改宗。それは公民権運動のまっただなかの一九五七年のこと、ウィリアムスは四十七歳になっていた。

もっとも、まわりのミュージシャンがウィリアムスを放っておくはずがなかった。三年の活動休止期間を経て彼女を再び表舞台に引っ張っていったのは、ディジー・ガレスピーだったという。一九五七年のニューポートジャズフェスティバルで、ガレスピーの招きを受けた彼女はパフォーマンスを行う。それ以来ウィリアムスは自身のカトリック信仰とジャズという表現形式を両輪として、そのいずれにも自身の限界を定められることなく、唯一無二の演奏と作品を数多く残した。

『アンデスの黒いキリスト』というアルバムは、一九六四年の作品。ジョン・コルトレーンがのちに『至上の愛』に含まれることになるセッションを行ったのと同じ年だった。「聖なるジャズ」、あるいは「ジャズ讃美歌」。そう称される『アンデスの黒いキリスト』はキリスト教の礼拝で演奏されることを企図されており、初演は一九六二年十一月、マンハッタンの聖フランシス・ザビエル教会のミサだった。

表題曲の「アンデスの黒いキリスト」は、黒人霊歌を偲ばせるような、荘厳で、厳粛なコーラスからはじまる。単純に神聖なわけではない。ソウルとブルーズが響いているコーラス。デューク・エリントンがウィリアムスについて訊ねられたとき、いみじくも「彼女はいかなるカテゴリーをも超越している」と語ったように、ウィリアムスは混じりっけのない、この世から隔絶された神聖さを纏った音楽を拒否し、聖と俗というカテゴリーそのものを破壊する。だからこの曲は、彼女のほかの曲と同じく、とてもうつくしく、とても恐ろしい。

冒頭のアカペラ、この曲が捧げられたペルーの清貧の聖人、聖マルティン・デ・ポレスの名が何度も繰り返される。

聖マルティン・デ・ポレス　主の羊飼いはほこりっぽい箒を杖にする
聖マルティン・デ・ポレス　貧しきものたちは彼の墓を神殿にする
聖マルティン・デ・ポレス　おとなしきも、荒々しきも、彼がならす
聖マルティン・デ・ポレス　望まれぬ子らみなを彼が匿う

ウィリアムスはコーラスの声を、楽器を扱うようにアレンジしている。声は弦楽器のようにも、管楽器のようにも響く。言葉が意味を失い、音そのものに近接する。それは言葉以前の、祈りにも近い喩えようのない何か。アイヤーマーブルキッコーという呪文の文字の羅列の意味など誰も問わないように、赤ん坊がダァダァと音を発するように、ひとつひとつの単語の音がただ震えることが重要になる。空気を振動させること、それが天まで、あるいは少なくとも人間の手の届かぬ地点まで上っていくこと。一筋の煙のように、光を乱反射して舞い散るシャボン玉のように、あるいは爆発のように。

あぁ、アンデスの黒いキリスト、我々は祈ります
いますぐここにきて食べ物を与えてください

あぁ、神よ、助けてください
苦しみを取り除けてください
あぁ、主よ、あなたの民を苦しめないでください
憤怒を我々にむけないでください、永遠に

曲の中盤、そんなコーラスの歌声は徐々に盛り上がっていって、ひとときの法悦とともに弾け飛び、そこにウィリアムスのピアノがなだれこむ。デゥアンディィッドゥーダダッ、デゥアンディィッドゥーダダッ、デゥアンディィッドゥーダダッ。ピアノの低音がリズムを刻み、曲を加速させる。右手はこの曲のシンプルな主旋律をリフレインする。それはまぎれもないジャズ。荘厳な礼拝堂に、華やかなハーレムのキャバレーが取って代わる。

きっと、この曲を聴いた、晴れ着に身を包んだ人びとは長椅子に腰掛けて、目を閉じて、しかしそうしつつも心の内側は燃えていただろう。エマオ途上で、知らず知らずのうちにイエスと会話をしていた二人の弟子のように。床を踏み鳴らす足も、難解なリズムを軽やかに刻む両手もなかったかもしれないが、忘を失ってシャウトする牧師も、それにアーメンと応える聴衆もなかったかもしれないが、それでも会衆によって沈黙の律動が曲に刻みこまれ、騒々しい祈りが曲を浮遊させてゆき、それを一度きりの、代替不能のものとした

だろう。

そんなひとときの狂喜乱舞はしかし、濃い青に斑点のような白を残す波みたいに静かに引いていって、ふたたびアカペラのコーラスがあの聖人の名を反復する。そうして曲はろうそくの火をふっと吹き消すように、かすかなノイズを残して終わっていく。

＊＊＊

ウィリアムスがこの曲を作った時代、カトリック教会の礼拝の中でジャズが演奏されることはほとんどなかった。それは、聖なる空間で演奏されるにはあまりに俗的で、肉感的、冒瀆的、あるいは性的な音楽であるとみなされていたという。そもそも礼拝について規則を定めた典礼憲章では、礼拝で歌うことができるのはラテン語のグレゴリオ聖歌、またそこで使用できる楽器はオルガンのみなどと定められていたのだ。

もっともそんな西洋中心主義的、植民地主義的、家父長主義的な価値観に基づいたカトリック教会のあり方は、教会の現代化を図ろうとする、一九六二年から一九六五年にかけての第二バチカン公会議によって、より開かれたものへと改革されてゆく。礼拝音楽においてラテン語以外の言語の使用が許可され、その音楽形態も多様になっていった。このようにウィリアムスが「アンデスの黒いキリスト」を一九六二年に初演したのはけっして偶然ではなく、カトリック教会の政治的、文化的な変遷を背景としていた。

十六世紀の終わりから十七世紀にかけてペルーで活動したドミニコ会の修道者である、黒いキリストのモデルになった聖マルティン・デ・ポレスが列聖されたのもまた一九六二年のことで、第二バチカン公会議を契機としていた。

スペイン人の貴族の父親と、解放奴隷の黒人の母親から生まれた聖マルティン・デ・ポレスは、特に米国における教会と人種正義をめぐる文脈において、アンビバレントな役割を担わされてきたという。一方で、人種的にミックスだった彼は米国カトリック教会の人種融和の象徴であり、白人黒人が手を取り合ってひとつのコミュニティになるという教会の理想を体現する存在だった。しかし、もう一方で彼は、人種統合というカトリック教会のリベラルな夢の限界と失敗を常に想起させる存在でもあった。結局のところ、カトリック教会という白人男性を中心とした強固な権力構造と人種秩序を保持する組織にあって、改革とは、もしそれがあったとするなら、常に漸進的なものに限られていた。ラディカルな変化は好まれない。権力は蜜の味。手放すのはあまりに惜しい。黒い肌の聖人に求められたのはシンボルとなることで、革命ではなかったのだ。

それでも、敬虔なカトリック教徒として半生を過ごしたメアリー・ルー・ウィリアムスにとっては黒い肌をした聖人が重要だった。カトリック教会に、自分と似た肌の色をした聖人の姿は、彼以外なかったから。ウィリアムスの臨終の床には聖マルティン・デ・ポレスの小像が飾ってあったという。彼女がノースカロライナ州のダーラムの自宅で亡くなったのは一九八一年、七十一歳のときだった。

＊＊＊

マンハッタンの日系教会で働いていた頃、二人の黒人女性と知り合った。シーラとアントワネット。二人とも教会の会員だった。なぜ肌の黒い彼女たちが、肌の黄色い人びとが建てた教会にくることになったのか、聞いたかもしれないけど忘れてしまった。その理由を深く問う必要がないくらい、二人は教会に欠かすことのできないメンバーだった。

シーラはブルックリンの児童施設で働いていて、子どもが好きなのか教会の日曜学校を手伝っていた。彼女の歌声は惚れ惚れしてしまうほどで、礼拝の途中、一曲か二曲、讃美歌を任されていたこぢんまりとした聖歌隊も、彼女が入ればサマになるのだった。いつも彼女の大きな話し声や笑い声が教会のそこかしこに響いていて、シーラは、ごめんね、うるさいでしょ、でもこういうふうにしか話せないの、と弾けるように言って、また大声で笑うのだった。

一方、アントワネットは物静かな女性だった。大学で、英語を第二言語として学んでいる人たちのために英語を教えている。凛としていて、知的で、物憂げで、それでいてチャーミングな人だった。昔、北陸で英語を教えていたことがあるらしく、日本語も堪能、巧みに敬語を操る。多くの黒人女性と同じく、いくつもの喪失を経験してきた人で、両親はすでにいなくなって久しかったし、わたしが出会った頃も唯一残っていた肉親の姉を、そして一緒に暮らしていた犬を亡くしてしまって、ときどきその細く直立した身体がポキリと折れてしまいそうになるのだった。

同時に、アントワネットは公民権運動の歴史を誇るバプテスト教会で育てられた気骨のあるキリスト者でもあって、基本的には保守的な信仰を大切にしていたあの日系教会の中では、ほとんど唯一、わたしが学んでいた黒人神学だとか、解放の神学だとかについて気兼ねなく話せる相手でもあった。いつかガーナに行きたいです、そう言っていた。一六一九年にバージニア州のジェームスタウンに最初の奴隷が上陸してから四百年の記念の年に。

ぜったいガーナに行こうと思っています。自分の人びとがどこからきたのか見てこなくちゃならない、だからガーナに行きます、観光じゃありません、わたしにとっては巡礼のようなものです。

わたしはアントワネットに英語の校正を頼むことが多かった。教会での仕事としてときどき日曜日のお話をしなければならない機会があって、バイリンガルの教会だったから日本語と英語で準備せねばならず、英語の原稿を彼女に見てもらっていたのだった。メールで原稿を送ると、それが細かいところまで目の行き届いた、さりげない修正が施されて返ってくる。原稿の伝えようとしていることを、わたし以上に理解して、先回りしてくれるような修正。そんなメールの署名欄には、彼女の名前の下部にeducator、教育者とプロフィールが記されていた。たしかにアントワネットは、教師として生まれたような厳格な雰囲気があった。さらにその下には、北アメリカの先住民の言語を研究した人類学者で言語学者のエドワード・サピアの言葉が引用されている。「言語は、我々が知るもっとも強大で包括的な技法である。それは何世代にもわたる人びとが無意識のうちに行ってきた、強大で匿名の働きである」。そんな言葉を、背筋をピンと伸ばしたアントワネットが黒板の前で生徒たちに教えている姿は、すぐに想像できる。教育者という言葉は、アントワネットにとってほとんど尊厳という言葉と同じ意味を持っていたのだと思う。

でも、あのときの説教の原稿は結局、アントワネットに見てもらわなかった。二〇二〇年六月二十一日の日曜日の説教の原稿。わたしはそのとき、すでにノースカロライナに移ってきていたのだけど、牧師の不在だったマンハッタンの日系教会の礼拝で、月に一回、お話を頼まれていた。新型コロナウイルスのパンデミックのおかげで礼拝はオンラインに切り替わっていたから、わざわざマンハッタンまで赴かずともよかった。

ミネアポリスで、「息ができない」と懇願し続けるジョージ・フロイドを警官が絞め殺したのは、あの日曜日の一ヶ月前。それからまたたくまに抗議の炎が全米を呑み尽くし、暴動も略奪もデモ行進もSNSもはたまた暗がりで踊ることまで、あらゆる手段をつかって人びとは「もうやめろ」、「もううんざりだ」と叫んでいた。

そしてわたしはアメリカ南部の、レコード屋が近くに二軒ばかりある小さな大学街にいて、ジョージ・フロイドが殺される数日前に次女が生まれたばかりで、それからちょうど一ヶ月後、日曜日に話すことを考えていた。

何を話したらいいだろうか。かれらの死という現実はあまりにおびただしく、幾重もの層となった暴力が堆積されてきた歳月はあまりに長く、わたしのいかなる言葉もそぐわないように思えた。かれらの歴史も痛みも喜びもわたしのものではなかったし、それでもわたしは青白く発光するパソコンのスクリーンの前で、何か話さなければならなかった。守られた部屋で、比較的守られた大学街で、かれらが案じているであろうことを、案じなくてもよいという特権を抱えて。

たしかにパンデミックの最中、「チャイナ・ウイルス」という権力者の放言とともにウイルスは憎悪の媒体となり、アジア系の人びとの脅威が煽り立てられた。ヘイトクライムのニュースや噂はあちこちで聞いたし、わたしもまたそんな憎悪の対象だった。今まで数年間という時間を暮らしてきたはずの街が、突然またわたしの知らぬ街に戻ってしまったような感覚があって、やはりここは故郷ではないのだと痛感した。しかしそうして顕在化した、あの国にあってよそ者だったわたしという存在のままならなさは、シーラやアントワネットが日常的に経験してきたであろう恐怖への橋となったというよりは、彼女らの経験とわたしのそれとの質的な相違をより一層浮き彫りにしたように感じた。抑圧され続けてきた歴史の堆積、天候のように持続的な災禍、それらを生きる条件として抱えること、息の吸えぬ肉体を抱えながら生きようとすることと、そんな状況に放り込まれることは、同じではないのだ。ましてこちらは、曲がりなりにも帰る場所があった。

とはいえ、そのような自分にとどまっていることもできなかった。シーラとアントワネットのために話したいというよりは、彼女たちと共有できるような言葉がほしかった。ジョージ・フロイドが絞め殺されている光景に、自らの姿を重ねざるを得ない人たちと。その光景を、手のひらの画面の上で消費するという特権を享受できぬ人たちと。彼女らの声を代弁するのではなく、しかし傍観者になるのでもなく。何か言葉の共有地を。

そう悩んでいたことは覚えていたのだが、話した内容はすっかり忘れていた。当時の原稿を探してみると、アリマタヤのヨセフの話だった。十字架のあった金曜日のあと、復活のあった日曜日の前、そんな土曜日にイエスを埋葬したアリマタヤのヨセフ。二千年前に十字架の上で殺されたイエスと、路上でリンチされて殺されたジョージ・フロイド。この二つの死には何らかの関連性がある。それならば、ブラック・ライヴズ・マター運動はジョージ・フロイドをはじめとする、その生が未完で中断された、不本意な死者たちを埋葬しようとする運動なのではないか。それは死者に蓋をしてしまうことではなく、かれらの焦がれと怒り、ありえたはずの未見の未来に炎を灯すことなのではないか。つまり、埋葬とは過去にではなく、今ここに、そしてあるべき未来にかかわる行為なのではないか。そして、わたしたちもまた、そんな埋葬に加わるよう招かれているのではないか。そういう話だった。アリマタヤのヨセフはわたしが台湾にいた頃から気になっていた存在で、説教を考えていたときに彼のことを思い出したのだろう。

午前中の礼拝が終わったあと、その日の午後にアントワネットから短いメールがきた。いつもの署名付きで。「こういうときですから、最近は礼拝の最中もそわそわしてきて、歩き回ってしまいます。とても不安になります。でも今日の説教は立ち止まっていることができました」

今になっても、あのとき何を話せばよかったのかわからない。何を話しても十分ではなかっただろうし、正解があったわけでもないのだろう。どんな言葉もわたしを救世主にも、潔白な人間にもしないだろう。そのいずれにもなりたくなかった。それでも言葉が、わたしという存在を超えて共有されることがあるのだなと思った。言葉が人を立ち止まらせ、「わたしたち」という不思議なつながりを創出するのだなと思った。そんな瞬間、言葉はわたしのものではなくなり、ある具体的な、ごく小さなサークルの内側にある人びととの共有物になるのだ、と。言葉はここではないどこかという微細なユートピアを垣間見させるのだ、と。言葉が傷つきやすい肉体になるのだ、と。

＊＊＊

『それで君の声はどこにあるんだ？』を書き始めたのは、ジョージ・フロイドの死から少し経ってからだった。「アリマタヤのヨセフ」という章も書いた。もしあの黒い本にメアリー・ルー・ウィリアムスの声が少しでも響いているのなら、それは教会で出会ったシーラとアントワネットという二人の黒人女性に負っているものが大きい。二人に聞いてもらった言葉が、ひとつの章になった。わたしはずっとそのことを忘れていたのだけれど。

最後に、とってつけたように書くわけではないが、『アンデスの黒いキリスト』を漆黒の円盤で聴くのが格別だということは、論をまたない。

豚と詩人

豚舎でアルバイトをしていた。

永遠に続いていきそうな薄暗い通路を、豚の餌が入ったカートを押して歩く。両脇の柵の隙間から、腹を空かせた豚たちが鼻を突き出し、喚いている。わたしは豚がそれぞれのケージに入ったことを確認してから、重たい柵をガチャン、ガチャンと下ろしていって、餌箱に餌を掬い入れる。そうすると豚たちは取り憑かれたように餌を頬張り、わたしの存在などすっかり忘れてしまう。巨大な換気扇が頭上で回っているのを除けば風はほとんど通らず、八月の岐阜の山中は暑くて、薄い青の作業着はだんだん汗で変色していく。

豚舎にはあらゆる音が響いていた。

豚たちが食事をしている隙に、各小屋の掃除をする。レコードのざらざらとした表層にも似た、でこぼこの豚舎の床にレーキやスコップを滑らせる。ガツッ、ガツッ、コンクリートに金属が当たる。ころころした糞やべとべとの糞、糞、糞。小屋に散乱したそれらを一ヶ所に集め、一輪車に放り込む。糞がベチャッと音を立てて、飛び散る。身体は糞まみれになって、でもそんなことを気にしている暇はない。わたしは重たい一輪車をゆらゆらと動かしながら、外に停めてあるショベルローダーまで運び出す。

まだアメリカに行く前の、レコードに針を落とすとどんな音を立てるか知る前の、いくつかの夏のことだ。豚舎でアルバイトをしていた。数週間のこともあれば、一ヶ月くらいしたこともあった。作業中はラジオを聴いていた。耳元をイヤーマフで覆って、内側にイヤフォンを仕込んでおいて、そしてそこからピーター・バカランの「ウィークエンドサンシャイン」か、「バラカン・ビート」か、ゴンチチの「世界の快適音楽セレクション」の録音が流れている。ラジオと豚、鼻にこびりつく糞の匂い、換気扇から流れる生暖かい、ほこり混じりの風、そんな世界にわたしは取り残される。

ピーター・バラカンのラジオを教えてくれたのも、イヤフォンとラジオを録音したMP3プレイヤーを貸してくれたのも、チャーリー・ヘイデンの『スピリチュアル』というアルバムを勧めてくれたのも——そしてわたしはこのアルバムをどうしてもレコードで聴かなければと願っているのだが——、豚舎の主である弦くんだった。彼は豚飼いでベーシスト、そして詩人。彼の詩とは、たとえばこういう詩のことをいう。

固いコンクリートの上では
いくらひっかいても土がほれない
ハイヒールを履いた女じゃあるまいし
豚よ
土がほれない

この種の言葉は、あの豚舎で単発的な時間を過ごしただけのわたしからは到底出てこない。豚を、あるいはこう言ってよければ木々も石ころも小枝も雨も雪も山も川もすべてを抱きかかえた地球そのものを、変に見下すのでもなく崇めるのでもなく、そのうちの一つとしてある自らの存在を醒めた目で見据えながら、それらとの水平的な関係に沈み込んでいく、そんな何十年と積み重ねられた営為から滲み出てきたような言葉。あるいはまったく反対に、みちばたに落ちていた言葉を不作為に、ただ拾い上げたような。だから彼の詩はおかしく、懐かしく、えぐられるようで、どこかかなしい。

いや、わたしの言葉はおおげさだったかもしれない。言葉はどうしても膨らんでいってしまう。こう書けば十分なのかもしれない。弦くんの詩はレコードのようにそこでじっと静かに潜んで聴かれるのを待っている、と。

＊＊＊

弦くんの豚舎でアルバイトしていたとき、わたしはまだレコードを二枚しか持っていなくて、プレイヤーを買うのはそれから十年とはいかぬものの、七、八年後のことだったから、弦くんとはレコードの話をしなかったはずだ。

でも、話すことといったら、音楽の話ばかりだった。豚舎の事務所での休憩中、せんべいかチョコレートを頬張りながら、ネズミよけの猫がいて、その猫はネズミを捕まえられなくなったとしてもそこにいることを許されるだろうと容易に想像できるほど寵愛を受けていて、わたしは猫アレルギーだったから事務所に入るといつも目がかゆくなってしまって、それで堪らず外に出ると洗濯物がはためいていて、山の切れ目から狭い空が見えて、どこからかいつのまにか現れた弦くんはでっかいアンプにＭＰ３プレイヤーをつなげて、大音量で音楽を流していた。あるときはビル・フリゼールの新譜、あるときはチャーリー・パットンのノイズまじりの音源、あるときはとんでもなく長く、複雑な名前を持ったベーシストのソロアルバム。

そうして休憩の時間はどんどん延長していった。

最近なに聴いてるの？　そんな弦くんの問いとともに、たいていの会話は動き出す。ジョアン・ジルベルトの『イン・トーキョー』、あれは永遠に聴いてられますね。そんなことを言うと、あぁ、あのこんばんはのやつね、と弦くんはすぐに答える。わたしたちはそれだけですべてを了解して、また話し出す。

クリス・シーリは知ってる？　マンドリンでバッハのソナタを弾いてる。最近出たばっかのアルバム。

いや、知らないっす。そう答えると、弦くんはおもむろにMP3を操作し、スピーカーからマンドリンのポロポロという音が流れ出す。たしかにチェンバロの音のようにも聴こえなくもない。弦くんは黙っている。何か感想を言うべきか。でも気の利いたことを言えそうもないので、わたしも黙っている。

音楽だけが鳴っている。腹を満たした豚たちの声もしない。弦くんはわたしがいないときも、こうやって一人で音楽を聴いているのだろうか。事務所の奥の部屋にはウッドベースが寝かせてある。ガットギターも見える。弦くんは豚飼いで、ベーシスト、そして詩人だった。曲はほとんど切れ目なく、移っていく。まるでひとつの長い曲を演奏しているみたいに。わたしはその音を聴いているというよりは、ただ漫然と、疲れた身体を音に任せている。弦くんはやっぱり、禅僧みたいに黙っている。

さあそろそろ行こうか。突然、弦くんはチェロを鳴らすみたいな低い声で言って、立ち上がる。わたしも手ぬぐいを頭に巻いて、慌てて立ち上がり、長靴に足を突っ込む。午後はたいてい、弦くんと二人で作業をした。

今日は予防接種の日だからと、わたしたちは離乳舎にいく。綺麗なクリーム色の肌をした子豚たちが、囲いの中にひしめいている。わたしはそこから一匹ずつ捕まえて、コンテナに入れて体重を測り、コンテナの中からまたよいしょと引っ張り出して、わたしが抱えている子豚に弦くんが手際よく注射しては、マーカーでしるしをつけていく。わたしはそんな動作に精一杯で、囲いの中を走り回る子豚を捕まえるのにも一苦労なのだが、隣で弦くんはケンカするなよとか、あいつは元気がないなとか、いじめられてるなとか、独り言のようにつぶやいている。そんなとき、弦くんの声はわずかに高くなって、ピアノのようにやさしい。そうやって二部屋、三部屋とまわって、午後がすぎていく。

あるときは出荷の日だった。豚たちをトラックの荷台まで誘導していく。ある豚は途中で地面に落ちていた餌を見つけて動かなくなったり、ある豚は荷台に乗るのを嫌がったり。そのたびに弦くんは豚を押したり、引っ張ったり、うながしたり。淡々と、自分で育てた豚を出荷していく。いったいこれまで何頭の豚をこの人はこうやってトラックで屠殺場まで運んでいったのだろうか。そういう人の目にはつかぬ生があって、とてもひとりの人間には背負うことができぬほどのおびただしい死があって、それでも続いていく日々があって、そこから詩が生まれる。その凄みがある。

午後に弦くんと二人でひと作業すれば、それからまた腹を空かせた豚たちに餌をやり、豚舎の掃除をする。朝、清掃したはずの豚小屋は、午後に見てみるとまた元の通り、糞がいたるところに散らばっている。わたしはひとり、耳にイヤフォンをつけて、さらに防音のイヤーマフで覆って、糞を運び出す。すべての作業が終わるのは五時ごろで、豚の糞まみれになったわたしが、夕方の山の気配に背中を押されるように事務所に降りていくと、弦くんはパソコンに向かって事務仕事をしている。

おつかれさま、弦くんはあのチェロのような低い声で言って、これ聴いたことある？　とか言いながらスピーカーをいじる。スピーカーから知らない音楽が流れ出して、わたしは音に引き込まれる。

＊＊＊

弦くんが書いた、うつくしい美濃手漉き和紙の詩集には、こんな詩がある。

古いレコードが
静かに回り始めたと思ったら
ぷつぷつと優しい音を立てて
針のように細い雨がふっているのだ
六月の雨の夜は
大きな黒い円盤になって
ゆっくりと回り続ける
音楽は聴こえないけれど
それはとてもなつかしい
はるかむかし
水の中で聴いた音楽
細胞の中の音符
針音のように優しいノイズ
六月の夜に
古いレコードが

静かに回り始めたと思ったら……

六月の夜のレコード

六月の夜は、もう直ぐにでも空が白みはじめるような、数ある夜の中でもいちばん深いたぐいの夜だったのではないかと想像している。なぜなら弦くんから、ときおり思い出したようにメッセージが届くのは、たいてい日本時間の深夜だったから。そのときわたしはもうアメリカにいた。だから弦くんにとって都合がよかったのかもしれない。深夜にメッセージしても、こちらは昼間だった。時間を気にする必要はない。

弦くんからのメッセージは、メッセージというよりは手紙のようだったと思ってしまうのは、その頻度のゆえだろうか。それとも詩にも似たその文面のせいだろうか。あるいはそのとき、真夜中の日本では、古いレコードを引っ掻いているのかと聴こえるような雨が降っていたのかもしれない。

弦くんからのメッセージは、当時わたしが書いていた文章や翻訳していた本についてのことが多かった。「元気かい?」と手紙のようにはじまって、一言、二言感想が添えられていて、でもこれはどうなのかな、と疑問が差し込まれる。そして最後につぶやくように、石ころみたいな言葉が転がっている。「日本は寒い夜だよ」

いくつかのメッセージは、事務所での会話の続きのようだった。ジャニス・イアンの「ベター・タイムス・ウィル・カム」の動画が貼り付けてあって、「聴いたかい?」と一言。パンデミックの最中だった。あるときは「ジーザス・オン・ザ・メインライン」。ライ・クーダーのバージョンではなく、ジョセフ・スペンスの動画だった。この「メインライン」ってなんのことなんだろう、と。道のことかな、電話のことかな。

真夜中に雨が降っている。弦くんはひとり、起きている。ぷつぷつという古いレコードにも似た雨の音を聴きながら。

夜あけの中に
いる小鳥
そのほそいくちばしで
沈黙をつついて
私に朝をください

くちばし

＊＊＊

その日は、豚たちを一つの豚舎から別の豚舎に移動する日だった。もう大きくなってきた子豚たちは、新しい豚舎に移って出荷されていくのを待つ。たいていは弦くんがやってくれる作業でわたしはサポートさえしていればよかったが、その日に限って弦くんは他に用事があるからといって、わたしが一人で作業をすることになった。複雑なことをする必要はない。豚舎の左右に並んだ小部屋の柵をそれぞれしっかり閉めておく。離乳舎から肥育舎までの通路は一直線で、その動線さえしっかりとつくっておけば、あとは後ろから豚たちをベニヤ板で追い立てて誘導するだけで、かれらは自ずと新しい小部屋に入る。

はずだったのだが、仕事は思ったようには運ばなかった。柵をしっかり閉めていなかったのだ。

豚たちは隙間を見つけて柵をこじ開け、小部屋に乱入する。あちらこちらで柵が決壊し、豚舎はまたたくまに解放区となる。わたしは慌てて豚を一匹、通路の方へどうにか押し出す。そうしている間にも二匹、三匹と、豚が大挙して小部屋に駆け入ってくる。豚なのにと言うのか、豚だからと言うのか猪突猛進といった感じで、脇目も振らず、一直線に。

わたしはなすすべなく、豚舎の通路に突っ立っていた。天を仰ぐ。豚たちはあちこちの小部屋を占拠し、自由を歓喜している。鼻をコンクリートの地面に突き刺して、餌を探して、寝っ転がって。まったくわたしは、これでは「豚よ」と一言語りかけるどころか、「人間よ」と逆に問われているみたいではないか。

ふと人の気配を感じて豚舎の入り口の方を見ると、弦くんがいた。その顔は心なしかニマニマと笑っているように見える。ばちりと目が合った。

レコードにまつわる抜き書きのアーカイヴ、あるいは百年目のボールドウィンへ

『山にのぼりて告げよ』は、ジェイムズ・ボールドウィンがスイスの寒村で書き上げたデビュー作だが、そのとき彼は「二枚のベッシー・スミスのレコードとタイプライター」で「武装」していたという。パリでの生活で「一種の神経衰弱」に陥っていた、まだ小説家としてデビューする前の若いボールドウィンは、スイスの「映画館もなければ銀行もなく、図書館もなければ劇場もない」村へとおもむく。執筆のために訪れた村。黒人が一人もいないどころか、それまで黒人を見たこともなかった人びとが住んでいた村。ボールドウィンはそこでもよそ者だった。

書きかけの自伝小説を仕上げるのに「ブルーズの女帝」と呼ばれたベッシー・スミスのレコードでわざわざ武装せねばならなかった理由を、ボールドウィンは『次は火だ』の中でこう振り返っている。

子供の時に、自分はたぶんそんなふうに喋っただろうと思われる喋り方が思い出せたり、その頃聞いたこと、見たこと、感じたことを思い出せたりしたのは、ベッシー・スミスの声の調子であり、その抑揚のおかげだった。私はそれらの思い出を、自分の奥深いところにしまい込んでおいたのだ。

ボールドウィンがレコードを聴いたのは、自分の奥深いところにしまい込んでいた記憶を解き放つため。それはかつて恥辱としてあって、しかし今や彼はそれに言葉をあてがおうとしている。「ベッシー・スミスの歌をきいたことは一度もなかった」アメリカから離れて。スイカには「一指も触れまい」としていた子どもの頃の経験の奥底に沈み込んで。深海のように暗くて、窒息してしまいそうなところ。しかしものを書く上では避けては通れないところだった。「バックウォーター・ブルーズ」が、黒人でありゲイであるという経験の、あるいはそんな整然としたカテゴリーには収斂できぬ、この海に呑み込まれた世界にあってひとりぼっちだという感覚の苛烈さから彼を保護し、言葉を実験するための安全で、閉ざされた空間を現出させる。

雷が鳴り、稲妻が光り、嵐が吹き始めるとき

雷が鳴り、稲妻が光り、嵐が吹き始めるとき
何千もの人びとが立ち尽くし
行く場を失っている
私の家も崩れ落ち
もうそこに住むことはできない

バックウォーター・ブルーズ

十年以上の歳月を費やして、一九五三年にとうとう『山にのぼりて告げよ』という傑作を発表するまでに、ボールドウィンは黒い円盤を幾度ひっくり返し、ふるえる手で針を落としたのだろうか。あまりに書くことに没頭していたせいで、A面が終わったのに気が付かず、そのままツーツーとラベルを引っ掻く針の音を聴き続けていたことがあっただろうか。そんな偶然の音もまた、目には見られぬ手のようにしてボールドウィンを守っていたのだろうか。レコードで武装するとはいったいどういうことなのだろうか。

階下で誰かの蓄音機がゆっくりと、高く、悲しげなブルースを辺りにひびかせていたのだ。

＊＊＊

まだ歴史という舞台の上に立つ前の、ひとりスイスの寒村でレコードを聴くボールドウィンの姿を教えてくれたのはジェイムズ・H・コーンだった。そのとき彼はすでに亡くなっていた。一冊の自伝が遺されて、わたしは彼の最後の本を翻訳した。そこでボールドウィンと出会った。『誰にも言わないと言ったけれど』というその本はまるでボールドウィンに捧げられたような作品だった。コーンがボールドウィンを大海にぽっかりと浮かぶ浮標として、自らの歩むべき道を見定めていったことが、翻訳という行為に身を沈める中でひしひしと伝わってきた。ボールドウィンにスイスの寒村での奥まった部屋があったように、まだ自分の声を見つける前のコーンにもまた「ブルーな部屋」があって、そこで言葉を実験した。

その部屋でもレコードがまわっていた。

筆を握っているときは、黒人の音楽を聴いた。マヘリア・ジャクソンやB・B・キング、アレサ・フランクリン、ボビー・〝ブルー〟・ブランドらの轟くような音。彼らの音楽は、私の霊的で実存的な痛みを和らげ、ビアーデンのジューク・ジョイントや教会へと私を連れ出すのだ。

一九六八年、キング牧師が暗殺され、アメリカの都市部が暴動の炎に包まれていた頃、コーンは大学の授業を終えて帰宅すると、その足で地下の「ブルーな部屋」へと向かい、レコードをかけ、筆を握ったという。そうせざるを得なかった。書くことでしか、彼は街を震わせていたブラック・パワーという呼びかけに応えることができなかった。「そうでもしなければ私は狂ってしまっていただろう」。白いキリスト教と格闘し、それをまだ誰も見たことのない黒い何かへと作り変える。それがコーンの引き受けた抵抗だった。

コーンの言葉は、彼がそれをどのようにして書いたのかということと密接に関連している。やはり彼もレコードで武装していた。そのレコードのコレクションには何が含まれていたのだろうか。アレサの『貴方だけを愛して』をかけたのだろうか。そうして書かれたデビュー作の『黒人神学とブラック・パワー』は、コーンの「リスペクト」だったのだろうか。

わたしがアレサ・フランクリンの『貴方だけを愛して』を見つけたのは、カーボロのレコード屋だった。モノラル盤で、壁にかかっていた。ジャケットは擦り切れていて、アレサの顔を囲むようにほんのりと三日月のようなリングウェアが浮き出ている。レコードは古い色褪せたスリーヴに包まれていた。レコード屋の匂いか、円盤の匂いか、それとも紙の匂いか、いい香りがした。いつまでも消えない香りだ。でもボビー・〝ブルー〟・ブランドのレコードも、B・B・キングのレコードもわたしは持っていない。

＊＊＊

一九六八年四月四日、キング牧師が暗殺されたとき、ボールドウィンはカリフォルニア州のリゾート地、パームスプリングスにいた。当時計画中だったマルコムXの映画の脚本について——その計画は結局頓挫してしまうのだが——、プールサイドでウイスキーを飲みながら、ボールドウィンがマルコム役にと構想していた俳優のビリー・ディー・ウィリアムズと一緒に、記者からインタビューを受けていた。インタビューが終わって記者を見送り、またプールサイドに戻ってきたとき、電話がなった。そのとき「ビリーはプールの反対側にいて、どうやらアリサ・フランクリンのレコードに合わせてアフリカ的な即興曲らしいものを歌っていた」。受話器の向こうから声がする。

「ジミーか?——ついさっきマーティンが撃たれたぞ」……、わたしはなんとも答えなかったようだし、なんとも感じてもいなかったように思う。マーティンとは誰なのかもはっきりとは頭に浮ばなかった。それでいて、知ってはいるものの——知っているような気がするものの——レコード・プレイヤーはまだまわっていたが、あたりが静まりかえった。

電話の向こうの声は続く。『まだ息がたえたわけではないのだがね』——とたんにわたしはマーティンとは誰のことなのか悟った——『それにしても撃たれたのは頭なのでね——だから——』

レコードが音をなくしてしまうほどの深い沈黙。それがまわっていることは覚えているものの、そこでなにがかかっていたかは忘れさせてしまうほどの衝撃。キング牧師暗殺の日をめぐるボールドウィンの記憶は、妙にはっきりと細部に及んでいて、同時にすべてが昨日見た夢のようにおぼつかない。「けれども、実際にはその晩のことは何ひとつおぼえていないと言っていい」。あの日潰えたのは、キング牧師という個人以上の何かだった。ひとつの運動と夢が終わった。ひとつの可能性が消え去った。彼は自分が撃たれたように感じたのだろうか。あの瞬間からどれほど経って、ふたたびアレサ・フランクリンのレコードをかけることができたのだろうか。

その後、アトランタでキング牧師の葬儀に参列したボールドウィンは、こう書き残している。

わたしはマーティンのことで泣いたりしたくはなかった。涙を流したりしてみても何の役にもたたない気がした。だが同時に、泣きだしたりしたら、泣き止められなさそうなおそれがあり、それはわたしだけではないかもしれないという懸念もあったからかもしれない。

誰かの死について書かれた文章でこれほど痛切で、率直で、うつくしいものを、わたしはほかに知らない。いや、トニ・モリスンがボールドウィンの死に際して発表した弔辞は、これと同じくらい痛切でうつくしかった。

＊＊＊

一九二〇年代中頃のニューヨーク、つまりジャズ・エイジのニューヨークを舞台にした小説『ジャズ』を書いたトニ・モリスンは、その前書きでこんなことを書いている。

この時代の雰囲気を再現するために、わたしは一九二六年の「有色」新聞のすべての号に目を通しました。記事も広告もコラムも求人広告も。日曜学校のプログラムや卒業式の式次第、女性クラブの会合の議事録、詩やエッセイの専門誌も。オーケー・レコードやブラック・スワン、チェス、サヴォイ・レコード、キング・レコード、ピーコックなどのレーベル名のついた、傷だらけの「黒人《レイス》」レコードも聴きました。

そうしたら思い出したのです。

わたしの母は一九二六年、二十歳でした。父親は十九歳。それから五年後、わたしが生まれます。……二人とも子どものときに南部を離れています。二人は二十年代のレコードをかけ、歌を歌い、新聞を読み、服を着、言葉を話していました。ニグロの社会的地位について休む間もなく話し合っていました。

レコードとはいかなる記憶の装置なのか。なぜこうも親密な記憶が、レコードに付随しているのだろうか。渦巻くレコードに呑み込まれるようにして、時間が逆流するのだろうか。それともいつもすぐそばにある過去をレコードが照らし出すのか。わたしたちが忘れてしまったことも、レコードは覚えているのか。それとも、思い出したくもないことを、レコードは思い出させてしまうのだろうか。レコードは写真と同じなのか？『ジャズ』にはいくつもレコードの描写が出てくるので、モリスンがレコードをかけながら書いていたことは容易に想像がつく。たとえばこんなふうに。

でも、シティに春がめぐってきたとき、ヴァイオレットは、頭の両側に四つのマルセル・ウェーヴをつけた別の女の子の姿を見た。娘はオケ社のレコードを片腕に抱え、肉屋の紙で包んだシチュー肉を下げて建物に入ってきた。ヴァイオレットはレコードを聴いてみようと、彼女を家に招き、こうしてレノックス街の醜聞となったあの三人組が生まれたの。結果的にちがってきたのは、だれがだれを撃ったか、ってことよ。

たとえばこんなふうに。

シティのその地域では……戸口でだれかが口笛で吹いたり、レコードの円と溝から取り出されたりした正しいメロディは、天気を変えることさえできる。凍《フリーズ》えからホットへ、それからクールへ。

トニ・モリスンの言葉はジャズみたいに聴こえる。

＊＊＊

ボールドウィンは、血のつながっていない父親について、こんなことを書いている。モリスンの両親と同世代で、奴隷解放後の最初の世代としてニューオリンズから北部へとやはり移住してきた父親について。自分のことを誰よりも醜いと言った父親について。「ずばぬけて黒かった」、「出会った人間の中で最も苦々しい人間であった」、「ほとんど一度も話しかけたことがなかった」父親について。

父は、ルイ・アームストロングについてただそのレコードをかけるなと言う以外、何ひとつ口に出さなかったが、家の壁には長いことアームストロングの写真がかかっていた。

ルイ・アームストロングを通して想起されるニューオリンズ時代の記憶はあまりに忌々しかったから、ボールドウィンの父親は彼のレコードを聴くことができなかったのだろうか。説教者だった父にとって、彼の音楽はあまりに世俗的で、汚れているように聴こえたのだろうか。あるいは、ルイ・アームストロングはボールドウィンの父親に過去の放蕩を思い起こさせたのだろうか。ボールドウィンが『山にのぼりて告げよ』で書いた父親、ガブリエルのように？　それでもルイ・アームストロングの写真を捨てることができなかったのは、彼が体現していた伝統にボールドウィンの父親もまた、不可分なかたちでつながれていたからだろうか。ルイ・アームストロングに焦がれたことがあったのだろうか。英雄のように、永遠に先送りにされ続けるかれらの未来を、アームストロングのトランペットの音色に仮託して。

それにしてもボールドウィンはなぜそのことを覚えていて、しかも書いたのだろうか。

＊＊＊

ルイ・アームストロングを聴くことを許されなかったボールドウィンは、友人からジャズを学んだ。

ボールドウィンがグリニッジ・ヴィレッジに画家のビューフォード・デラニーのスタジオを訪ねたのは、まだ十五歳の頃。二人の年齢は二回りほど違ったが、二人は共に牧師の息子で、肌の色が黒く、ゲイで、芸術家だった。いや、デラニーがボールドウィンに芸術家になれることを教えた。世界にあてがわれた役割以上の存在になれる、と。うつくしいものを求めることをあきらめる必要はない、と。そうやって過剰に、奔放に生きることができるのだし、それを恐れる必要はないのだ、と。すべてデラニーがボールドウィンに教えたことだった。

二人の友情はそれから三十年以上も続いた。デラニーはボールドウィンのポートレイトを数多くのこし、ボールドウィンはデラニーを父親同然に慕い続けた。

十五歳のボールドウィンは、その後自分がアメリカでもっとも愛される作家の一人となると言われても、信じなかっただろう。あのときの彼にとっては、未来など絵空事にすぎなかった。学校はとうに辞め、長男として家族を養うために線路敷設の仕事や食肉加工の工場で働いたりしたが、どれも首になった。父親との関係は最悪で、セクシュアルな焦れは募る一方だった。酒に溺れ、精神がおかしくなる。神は沈黙している。教会に救いはない。家には父がいる。ボールドウィンはハーレムを離れ、グリニッジ・ヴィレッジに移った。そこでビューフォード・デラニーと出会った。

彼の狭い、しかし全然狭いようには見えなかったというスタジオの扉を最初に開けた瞬間の印象を、ボールドウィンは音楽の記憶とともに、こう書き記している。

僕は音楽の中に入っていった。僕は音楽で育ったけれど、あのとき、ビューフォードの小さな黒いレコード・プレイヤーで、僕はこれまで聴こうとしなかったか、聴くことができなかったものを聴いたのだ。ビューフォードは僕にうんちくを垂れようとはしなかった。でも、彼のスタジオで、彼がいたからこそ、僕はエラ・フィッツジェラルドやマー・レイニー、ルイ・アームストロング、ベッシー・スミス、エセル・ウォーターズ、ポール・ロブソン、レナ・ホーン、ファッツ・ウォーラーをほんとうに聴いたのだ。彼はデューク・エリントンとW・C・ハンディ、それとジョシュ・ホワイトについて教えてくれたり、フランキー・ニュートンを聴かせてくれたり、エセル・ウォーターズのほら話なんかも語ってくれた。彼の話を聞いてると、こういう人たちがセレブとしてじゃなくて、ビューフォードの人生の一部として、僕の相続物の一部として見えてくるんだ。

これがボールドウィンの音楽の教室だった。リロイ・ジョーンズが「そんな啓示はあのチリチリいうレコードの雑音で武装までしているではないか」と書いたスターリング先生の自宅の穴倉さながらに。ボールドウィンにとって音楽とは、きっと解放にも近い経験だった。この伝統を自身の正統な相続物として受け継ぐことが、ボールドウィンの言葉を限りなく音楽に近接させた。

＊＊＊

サイディヤ・ハートマンにとってレコードは、たしかに親密な記憶であったが、それは過去とつながるためではなく、そこから自らを切断し、別様のつながりを想像してみるために必要な媒体だった。別の過去とつながること。自分という存在の条件を想像し直してみること。ターンテーブルでまわっていたのは、そんなかすかな可能性だった。

子どもの頃、父や母に怒っているときは、パパやママと呼ぶよう強いる最悪の二人からわたしを救い出してくれるような、非の打ちどころのない架空の両親を呼び出していた。よく想像していた架空の父親は、苗字が同じだったジョニー・ハートマン。父親がコルトレーンのアルバムをかけるときはいつもきまって、ジョニー・ハートマンの魅力的で、物憂げな歌声に耳を澄ました。彼が自分を見捨ててしまった理由について深く考えないかぎり、この架空の家系に救済を見出すことができた。

そうしてハートマンは自分の名前を捨てる。ヴァレリーというキラキラした名を放棄して、サイディヤという名で自らを名付け直す。サン・ラーは別の惑星から名前を取って、自らの名としたが、ハートマンは故郷であるはずの遠い地から名前を取った。誰かに攫《さら》われ、競売台の上に乗せられ、売られたという過去、レイプされた母親たちの過去、そんな亡霊のようにまとわりつく疼痛が自らの故郷であるという事実を拒否するために。奴隷制の余生から逃亡するために。ハートマンもまたかつての奴隷たちと同じように逃亡しようとした。

もうジョニー・ハートマンの声に耳をすます必要もない。帰るという試みがどれほど荒唐無稽であろうとも。そんな焦がれが最終的には、彼女を大西洋の向こう側のガーナへの旅へと押し出すことになろうとも。そんな長い帰郷の果てに見つかったのが、架橋不能な断絶と、過去という空漠とした空間、おびただしい暴力の残骸だけであったとしても。

つまり、ハートマンが必死で取り戻そうとした過去はすでに失われていたのだ。帰ろうとした故郷はなかったのだ。大西洋のあちら側にも、こちら側にも。それがサイディヤ・ハートマンという人が見据えた自らという存在の条件だった。奴隷となるとは母を失うこと。奴隷制によって作られた未来を生きるとは、そんな喪失を引き継ぐこと。

奴隷たちがひしめく地下牢に一歩ずつくだっていくような『母を失うこと』というハートマンが書いた本を、沖縄の、ここもまたかつておびただしい数の命を呑み込んだ青々とした海を見ながら訳していたとき、わたしを守ってくれたものたち――折坂悠太の『心理』(「あきらめちゃないが　この船は終わりだよ」という言葉に)、マイルス・デイヴィスの『イン・ア・サイレント・ウェイ』(その反復と変奏に)。

＊＊＊

ラルフ・エリスンの一九五二年の作品、『見えない人間』。主人公の「僕」は、一九三〇年代のハーレムの街をさまよう。重たい足を引きずって。こう憂慮しながら。

車の軋《きし》るような響きを耳にしながら、汗だくになって群衆と一緒に歩いていると、レコード店の拡声器からがなり立てるように聞こえる物憂いブルースの音色がしだいに大きくなっていった。僕は立ち止まった。記録に残されるのは、これだけではないのか？　トランペットやトロンボーン、サックスやドラムから鳴り響くムードといい、舌足らずの言葉で歌われる歌といい、これが時代を映すたった一つの真の歴史ではないのか？

見えなくなるという恐怖は、水平状の今というときのみに向けられていたのではなく、きわめて歴史的な感覚を伴うものでもあった。未来の人間にわたしたちは見えているのだろうか。この眼前の光景は「歴史」とみなされるのだろうか。わたしたちの声は声として聞こえているだろうか。それが、記録されるという特権を享受し得なかった米国の黒人である「僕」を苛む疑念であり、彼はそれを振り払ってしまうことができない。まして、「記録にとどめられているのは記録者が重要と見なしたことだけで、記録する者の主人が権力を保つための嘘だけが書き留められているのだから」。歴史はかれらには不相応の贅沢品だった。

もし数十年後、数百年後、ここに生きた人びとの痕跡がたった一枚のレコードだけになってしまうのだとしたら？　物憂げなひとつの歌に、このストリートをほっつく群衆の喜びも苦しみもすべてが集約されるのだとしたら？　かれらは今見えない存在とされているだけでなく、未来においても不可視なのだとしたら？

「僕」はレコードに過去ではなく、未来を見ていた。ここにおいてレコードは、語義通り記録《レコード》そのものとなる。記録としてのレコード。他では歴史とみなされることのない出来事未然の出来事を記録するレコード。レコードに録音するとは、そこに重要性を付与することを意味した。それならばそんなレコードを集め、棚に並べ、そこから一枚を引き出してプレイヤーの上にのせるとは、いかなる行為であるのか。それもまた誰も聞くもののいない虚空へと向かってこう叫ぶことなのか。ここに顧みられねばならない歴史がある、かけがえのない過去がある、記憶されるべき出来事がある、と。

＊＊＊

でも、ボールドウィンはこうも言っている。

たしかに私も、一人の飢えた子を救うためなら、すべてのブルースを差し出す用意があると発言したことがある。しかしそれは誤りだった。その交換の権限を私が有していないということだけでなく、主の歌を異国の地で歌うことによって無数の子どもたちが救われたということにおいて。その数をすべて数え得たものは、いまだかつていない。

一枚のレコードで救われるとは、いったいどういうことなのだろう。

＊＊＊

ボールドウィンのレコード・コレクションが、ストリーミングサイトでプレイリストになって公開されていた。彼が一九八七年にフランスで亡くなったとき、自宅に残されていたコレクションをもとにつくられたという。アレサ・フランクリン、レイ・チャールズ、スプリームス、ダニー・ハサウェイ、ダイナ・ワシントン、ニーナ・シモン（しかも『シルク・アンド・ソウル』だ！）、スティーヴィー・ワンダー（こちらは『フォー・ワンス・イン・マイ・ライフ』！）などなど、ボールドウィンが書くときに聴いていたであろうブラックのアーティストたちが並んでいる。いわゆるモダン・ジャズのアルバムはほとんどない。ルイ・アームストロングも。

プレイリストは合計で四十時間近くあって、わたしは最後まで聴き通せなかった。もちろんとても長かったからということもあるのだが、なんだか別に聴く必要もないような気がしてきて、カツンと停止ボタンをタップしてしまった。

きっと、わたしが知りたかったのは、ボールドウィンが何を聴いていたかということだけではないのだろう。少なくとも、そんな情報だけが知りたいのではなかった。ボールドウィンはどんな基準に従ってレコードを並べていたのか。星々を並べ替えるように。そうして自分だけの星列を描き出すように。ビル・ウィザーズの『メナジェリィ』の隣に置いてあったのは、グラディス・ナイトだったのか、それともロバータ・フラックだったのか。ビリー・ホリデイのアルバムが少ないのは、彼がそれをもう聴く必要もないくらい聴いていたからなのか。アレサ・フランクリンの『レイディ・ソウル』のジャケットは四隅が潰れているだろうか。音飛びするようなレコードがあっただろうか。埃をかぶったレコードは？

そんなレコードの配列やそれぞれの円盤に刻まれた、それらが時間と空間をくぐり抜けてきたことを教えるしるしは、ボールドウィンにとって何を聴くかということと同じくらいに、もしかしたらそれ以上に大切だったはずだ。しかし、ボールドウィンの内密の振舞いを想起させるような痕跡は、ストリーミングサイトののっぺりとした画面から、綺麗さっぱり消え失せている。わたしはそんな痕跡にこそ触れてみたかった。何気なくて、目につかず、それでもたしかにそこに誰かが居たことを教えてくれるような痕跡に。

アメリカの黒人が、家の中に写真を飾るのは、そうすることで白人世界からあてがわれた自らのイメージに抗い、外の世界にあっては望むべくもないもうひとつの、もっと喜びと愛に満たされたイメージをつくり出すためだと論じていたのはベル・フックスだが、レコードについても同じことが言えると思う。それはある内部空間をつくりだすことにかかわっている。そこにおいて支配から遠ざかり、主人にも警官にも、何者にも介入されない空間をつくることにかかわっている。

自分と、ほかに数名、小さなサークルのために用意された空間。きれいに並べられた食器のように。シミひとつないテーブルクロスのように。その上に置かれた花瓶のように。レコードは音にかかわる行為であるのと同じくらい視覚的で触覚的な行為なのだろう。世界から何の重要性も付与されなかったどころか足蹴にされた人びとは、自ら集め、並べ、引っ張り出し、ターンテーブルに載せることで、そこに重要性があることを、記憶されるべきことがあると、そこにおいてわたしたちの生が日毎、言祝がれていると、宣言する。たとえそれが他の人の目にはうつっていなかったとしても。

だから、やはり、ボールドウィンのプレイリストは、何かが決定的に欠けている。彼が何を聴いていたかだけではなく、彼がそれをどうやって聴いていたか、それが並べられていた部屋そのものが必要なのだ。そんな目にはつかぬ、しかしいつか再び開かれ、聴かれることを待っている音楽のアーカイヴが、ボールドウィンの言葉を守っていたということが。

でも、どうやったらそんな部屋を保存できるのだろうか。

細野晴臣を聴いていた夜のこと

あの大地震と大津波があったのと同じ春、一ヶ月ほどのときをおいて、細野晴臣は『HoSoNoVa』というアルバムを発表し、わたしのパソコンからはそのアルバムが延々リピートされていた。当時住んでいた、今にも崩れ落ちそうな滋賀の家の一間は、いつも太陽の光がらんらんと射してきて、部屋の中は灼熱の地獄。わたしはそれを避けるようにベッドで寝っ転がって、パソコンのスピーカーから「ラモナ」、「スマイル」、「悲しみのラッキースター」と曲が流れているのを聴いている。あのときのことを思い出そうとすると、そんな光景ばかりが思い浮かぶ。

それは特別な瞬間になるはずだった。だって初めて細野晴臣のアルバムをリアルタイムで聴くのだから。CDを予約して、発売日を指折り数えて、その日に届いたCDの封を開けて、パソコンに呑み込ませる。世界でまだ誰も聴いたことのない音楽を聴くような、あの特別な瞬間。ああいう瞬間というのはほかにあるだろうかと思う。しかも、それが他でもない細野晴臣のアルバムで体験できるのだ。

でも大震災のあと、世界は混沌としていた。海が陸地を呑み込んで、多くの命を奪っていった。原発は爆発し、放射能は目に見えなかった。テレビは永遠にループする傷のついたレコードのように津波の映像を流し続け、街はひっそりと静まり返って、海の底のように暗くなった。わたしはその年の春に大学院に入って、『HoSoNoVa』ばかりを聴いていた。それは聴くというよりは、息を吸うことに似ていた。

なぜ『HoSoNoVa』が、少なくともわたしにとって、震災直後のときを縁取るような音楽になったのかというと、それはそのタイミングもさることながら、あのアルバムが保持していた音の響きの、抗い難い説得力のためだったと思う。まるで世界が終わりに近づいていくとき、そこで聴かれるためにつくられたような音。あるいは、ずっと遠い昔に滅びてしまった人間が手持ちの機材で最後に録音したような音をそれから何百年後かに発見して、それをまた別の世界の終わりが迫っているただ中で聴いているような感覚。

終わりがとても近くて、でもその終わりは隕石が落ちてくるような一息の、極端な終わりではなくて、もっと持続的で、砂に埋もれていくように淡々としていて、たとえば暗闇の海のように静かで。でもどうしてか確実に、わたしはそのときが終わりだと確信している。そんなゆっくりとした死にあって、『HoSoNoVa』というアルバムは、それを肯定するのでも否定するのでもなく、そこに居続けるしかないわたしを柔らかな膜で覆ってくれるような気がした。深海に潜っていくときのウェットスーツみたいに。

だから震災から数ヶ月経って、三陸の海岸を車で通り抜けたときも、大飯原発再稼働に反対するデモに参加したときも、震災から二年後、予約していた朝一番の飛行機の便を乗り過ごし、同じ日の夕方、チケットを取り直して台湾に向けて出発したときも——あの瞬間がわたしのアディオス、フェアウェル、はらいそ・モメント、桟橋からの出立だった——、わたしは『HoSoNoVa』を聴いていた。

ああいうふうに駆られるように、ごくごくと水を飲み干すように音楽を聴いたのは『HoSoNoVa』が初めてだった。それから十年と経たずして今度は新型コロナウイルスのパンデミックが起こり、そのときは折坂悠太の『心理』ばかりを聴いていた。海の底というイメージはあのアルバムから得たものかもしれない。それともこの島の海を長く見ていたからだろうか。

結局、あのときから、いやきっともっと前から、終わりはゆっくりと続いたままだ。それどころか、今はもっとグロテスクな世界にいるように感じる。あまりに多くの不本意な死が、傷つけられた肉体が、手足のちぎれた身体が、アンビエントなノイズとして日常に流れていて、しかしそんなことにはかまっていないように世界がかすり傷ひとつ負わず粛々と回り続けているとはどういうことだろうか。そういうとき、音楽を聴くことすら、とても残酷な行為のように思える。虐殺のただなかで、どんな音楽が聴けるというのだろう。沈黙ですらあまりに騒々しいというのに。

命の後に　残る香り
涙の雫　生きるあかし
It's a good day to die, It's a good day to die
憶えてる　愛しい日　空には雲

ローズマリー、ティートゥリー

細野晴臣は、『HoSoNoVa』をつくっているとき、そんな世界の終わりを想像していたのだろうか。当然、地震と津波はまだきていなくて、このアルバムの発売とカタストロフが重なったのは、まったくの偶然だった。でも、それにしては、あのアルバムはカタストロフという、終わりに侵食されていく時代の空気をまるごと録音したような音をしていた。少なくともわたしにはそう聴こえたし、発売直後に出たレビューの多くも、このアルバムを震災との関連で語っていたように記憶している。

『HoSoNoVa』のジャケットでは、細野晴臣がソファか椅子かにもたれかかって、からっぽの瞳で虚空を見つめている。それがまだ命ある生身の人間なのか、それともただの抜け殻なのか、歴然としているわけではない。ギターがそばに寝かせてあって、その奥の窓からはビルが立ち並んでいるのが見える。窓から光が差し込んでいて、逆光だからか、ビルはぼんやり滲んでいる。それは打ち捨てられた廃墟のようにも、焼け残ったビルの残骸のようにも見える。同じ窓からさす光は、無精髭姿の細野晴臣の顔の左半分を照らし出していて、もう半分は影になっている。そんな影よりももっと黒い瞳だけが、ぎょろりと浮き出ている。

命の気配がすべて消えてしまった世界。そこに響くのはどんな音なのだろうか。誰がそれを聴くのだろうか。音はそれを聴くものが不在のとき、それでも音であるのか。あのジャケットは震災前の写真のはずなのに、震災後に撮ったと言われればそう信じてしまうだろう。それが今、このときに撮ったと言われればそう信じてしまうだろう。

震災があったのと同じ年の五月、細野晴臣のコンサートに行った。日比谷公会堂で、『HoSoNoVa』発売記念のコンサートだった。友人と行った。ロビーでは救世軍のブラスバンドが義援金を募っていて、薄暗い客席に入って、白と黒のボーダーのシャツを着た細野晴臣がギターを弾き出すとすぐ、同じ色のボーダーの服を着てきたとはしゃいでいた友人はうとうとと気持ちよさそうに眠ってしまった。自分もボーダーを着てくればよかったとしょげていたわたしは、ひとつの音も聞き漏らすまいと耳の穴をかっぽじり、ギターを抱える細野晴臣の姿を目に焼き付けようとした。映画のように。写真のように。

でも結局、記憶は子ども用のベッドに貼り付けれらたシールみたいにいつ、どこで、誰がという問いをすり抜け続ける。きっとあのライブについて、わたしと友人で覚えていることに大差はないだろう。ただあのライブは、どんな再生装置を使っても再現不可能だということはわかっている。

『HoSoNoVa』は、単に3・11後の世界を先取りしていたというよりは、わたしにとって、あのときの世界とどうにか折り合いをつけ、咀嚼し、やはりわたしもそこに居るのだと信じるために欠かせぬ文法のひとつになった。

＊＊＊

細野晴臣を初めて聴いたのは、車の中だった。『泰安洋行』。ヘンテコなアルバムだったが、ぶっ飛んだ。一度聴いたら最後、やめられなくなった。耳にタコができるまでと言うが、それならこのアルバムを聴くわたしの耳のタコは岩のように硬いに違いない。彼のアルバムでいちばん聴いているのは、おそらく『泰安洋行』だと思う。

細野晴臣を教えてくれたのは庭師の（そして版画家であり、ベーシストの）宮本さんだった。一緒に雑草を引きながら、いろいろな音楽を教えてもらった。ジェリー・ガルシアとデヴィッド・グリスマンの共作である『ビーン・オール・アラウンド・ディス・ワールド』という名盤——このあるアルバムに収録されているボブ・ディランのカヴァーの「ザ・バラッド・オブ・フランキー・リー・アンド・ジューダス・プリースト」を車の中で延々流していればここがどこかなんてどうでもよくなる——を、これは隠れて聴きやと言ってCDに焼いてくれたり、エリック・ジャスティン・カズの『イフ・ユアー・ロンリー』を教えてくれたりしたのも、絵本の中から飛び出してきたようなこのひげもじゃのおじちゃんだった——事実、彼のパートナーの市居みかさんの絵本には、宮本さんによく似たふにゃふにゃのハットをかぶったおじちゃんがいたるところに登場する。

日本を出てからはなかなか会えなくなったが、沖縄にきてからは一年に一度か二度、わたしがレコードを集めていることを知ってか、会うたびにレコードをもらうようになった。ボブ・マーリー&ザ・ウェイラーズの『アップライジング』とか。アラン・トゥーサンの『サザン・ナイツ』とか。エリック・アンダーソンの『ブルー・リヴァー』をいただいたときは、聴いたことある？と訊かれた。聴いたことないですと答えると、宮本さんは、それは聴かなあかんなぁと笑ってただでさえ細い目をさらに細めたものだから、宮本さんの目はこんもりした丘の輪郭をなぞるような一本の細い曲線になってしまって、それから土で汚れた指先を作業着の裾でぬぐうと、白いレコードを紙袋から取り出して、手渡してくれた。

そんな何気ない儀式みたいなやり取りを通して、レコードが誰か一人の個人によって独占されるべき占有物なのではなく、音楽を愛する人たちの間で共有されるべきコモンズなのだと教えてもらったわたしは、とても幸運だったと思う。レコードは誰かの棚に収まるが、しかしそこが終着駅なのではなく、また誰かの手にわたっていく。そんな気前のよい贈与の関係と個人の一生をゆうに超えて続いていく時間の感覚こそ、レコードの約束であり、希望なのかもしれないと書くのは、横暴な市場の原理を前にして、あまりにレコードに優しすぎるだろうか。その音楽を奏でた人びとは消えていき、それを聴いていた人もいつか消え、それでもまた違う人がそのレコードを聴く。レコードは、いつも誰かが針を落とす可能性を秘めている。すべては消えていくが、すべてが消えてしまうわけではない。『泰安洋行』も——あれはＣＤだったが——、そうやって宮本さんからいただいた。

そういえば、バークレーの神学校にいた頃、『泰安洋行』を毎晩のように聴いていた時期がある。

授業の合間に、神学校のキャンパス内にあったカフェテリアでアルバイトしていた。他の韓国やサモアやアフガニスタンからの留学生と同じく皿洗いからはじめたわたしは、恰幅も元気もいい料理長のアンディにどうしてか抜擢され、あれよあれよという間に望外の大出世を遂げていき、ランチタイムにハンバーガーやホットドッグを鉄板で調理してアメリカ人の学生に振る舞うようになり、最終的にはカフェテリアの営業終了後の清掃を任されるまでになった。ディナーの残り物を片付けて、汚れた食器やトレイを水洗いしてから大型の食洗機にかける。ダイニングに並んだ丸テーブルをそれぞれ拭いて、モップをかける。火の元を確認して、戸締まりをする。

わたしがその仕事を気に入っていたのは、キッチンに置いてあったスピーカーとアンプのおかげだった。営業時間中はラジオが流れているそのスピーカーも、夜、人気のなくなったキャンパスの営業終了後の夜カフェテリアでは、わたしだけのものだった。スピーカーが音割れしないぎりぎりのところまで音量を上げて『泰安洋行』を流していた——わたしはラルフ・エリソンの言う「大音量戦争」に、戦わずして勝利を収めたのだ。

台拭きも、床掃除も、皿洗いも、すべてが踊りに変わった。ああやって数時間、我を忘れて踊ることが誰にでもあるのだろうか。

＊＊＊

『HoSoNoVa』をリリースして以降、細野晴臣は露出を増やし、ライブも活発に行うようになった。一方、わたしは日本を離れ、台湾、アメリカへと漂流していたから、彼のライブにはまったくと言っていいほど足を運べなかった。

台湾東部のブヌン族のある村で一夏過ごしていたときは、細野晴臣のライブが配信されるというので、車の中で待機していたことがある。知り合いに安く譲ってもらったトヨタのセダンは、助手席のドアが内側からは開かず、エンジンをかけるたびに車が爆発してしまうんじゃないかと思うほどの騒音を出したけど、何度もわたしを台南の借り部屋から、海沿いの道を走ってその村まで連れていってくれた。そんな車だったから、エンジンもかけられず、暑い夏の夜、わたしは車の窓を開けて細野晴臣の配信を観ていた。車の中はあっというまに蚊だらけになり、インターネットは途切れ途切れで、まだポップ・スターではなかった星野源はアコースティックギターを抱えて登場し、その声は緊張で震えていた。

『Vu Jà Dé』が二〇一七年にリリースされたのは、ノースカロライナに越してきて最初の秋だった。アルバムがストリーミングで配信されたのは、わたしがティーチングアシスタントとして受け持っていた医療人類学の授業がはじまる直前で、わたしは二曲目のブギまで聴いて、急いで教室にむかった。出席を確認して、小グループに分かれてのディスカッション。わたしたちが読んでいたのは医療人類学の授業では必ず読まれる、アン・ファディマンが書いた『精霊に捕まって倒れる』。ラオスからの難民であるモン族の家族と、かれらが受診したカリフォルニアの医療機関のすれ違い、文化的な衝突を描いた本。自文化中心主義とは何か、病というのがどのようにして社会的に構築されるのか、このような衝突を避けるには何が必要だったのか、医療機関で働くことを目指している学部生たちは議論している。まだパンデミックが始まる前のあの教室は、学生がひしめいていて、賑やかで、それからのカタストロフを予感させるようなものは何もなかった。四十五分の授業を終え、わたしは再びヘッドフォンを装着し、アルバムの続きを聴いた。

細野晴臣が二〇一九年にアメリカをツアーでまわったときも、わたしはノースカロライナで日常を過ごしていた。大学院のゼミに出て、読みきれないほどの論文を読んで、新しいことを学んで、論文めいたものを書いて、学部生とディスカッションをして、指導教授と会って、院生の仲間と食事に行って、泣いている娘を抱っこして、離乳食を作って、床に散らばった茹でたにんじんやら果物のかすやらを拾って、お風呂に入れて、着替えさせて、嫌がる娘をなだめすかしてシャツを着せて、また抱っこして、寝たと思ったらベッドに置いて、すぐにまたオギャーと叫ぶ娘を抱き上げて、深夜におよぶ小さな絶望と挫折をいくども繰り返して、しかし腕の中の命のたった四、五キロほどの重量と断固とした泣き声は有無を言わせぬほどで、そしてときどきレコードをかけて。そんな特筆すべきことのない淡々とした、出来事未満の出来事が折り重なるノースカロライナの日常は、こうして思い出そうとするそばから消えていってしまうような類のもので、きっとわたしはすでに忘れたことすら忘れてしまっている。

こうして細野晴臣は、大好きなミュージシャンでありながら、その旺盛な活動を十分には追えずにいたのだが、一度だけ彼と遭遇したということは、書いておかなくてはならない。それは二〇一七年六月の沖縄、桜坂劇場でのことで、わたしはタイミング良くアメリカから一時帰国中、研究も兼ねて慰霊の日前後の沖縄に滞在していた。桜坂劇場での「Road to Okinawa」と題されたイベントは、細野晴臣と、彼の長年の盟友である久保田麻琴のトークショーで、演奏もあるらしかった。

国際通りの裏側にある桜坂劇場には、トークショー開始時刻よりもかなり早めについた。桜坂劇場のロビーで販売されている雑貨や本などを見ようと思ったのだが、もしかしたら細野晴臣に会えるかもしれないという下心もあった。そう思っていたら、入り口付近で久保田麻琴が関係者と立ち話していたものだから、わたしの期待は膨らんでいった。これはいるぞ、予感のようなものがはたらく。ところが一階のロビーは人もまばらで、静まり返っている。トイレに行こうと思い、ぐいっと大きくカーブした階段を上がっていくと、その先にいるではないか。ハリー・ホソノ。トイレがある奥の廊下からちょうど出てきたところだった。

わたしは階段の途中で固まってしまった。動けなかった。もし話しかけようと思ったとしても、口がぱくぱくと開閉するだけで言葉は出てこなかったに違いない。以前、細野晴臣が行きつけだという恵比寿の洋食屋さんを訪ねた際も、彼がいるわけでもないのに、店の前を行ったり来たりと不審者みたいにうろうろしただけでとうとう店内に入ることはできなかったから、実物を前にしてどうなるかは推して知るべしということだったのだろう。結局、細野晴臣はわたしの目の前をすぅーっと通り過ぎて、劇場のホールへと消えていった。スラリとした、存外に大柄な人だった。

その日の夜、トークショー後のコンサートには、久保田麻琴と細野晴臣、そして彼が一緒に活動していた高田漣などのバンドメンバーに加え、沖縄の大御所ミュージシャンが呼ばれていた。大工哲弘と喜納昌吉。久保田麻琴がまだ日本復帰間もない一九七四年に西表島を訪れたとき乗っていた観光バスの中で「ハイサイおじさん」を聴き、衝撃を受け、そのレコードが細野晴臣の手へと渡り、いわゆるトロピカル三部作、つまり『トロピカル・ダンディー』からの一連のチャンキー・サウンドに結実するという歴史はよく知られているが、当時から親交があったのだろう。
「安里屋《あさとや》ユンタ」など沖縄の曲が中心に演奏された短いコンサートで、細野晴臣はほとんどベースを弾くことなく、太鼓を叩いていた。大太鼓と小太鼓の前に重力に逆らう気はありませんというように、主役はわたしではないですよというように、大工哲弘の朗々とした歌三線に合わせて、控えめにボン、ボンと。それはついさっきトイレの通路で見かけた、わたしを硬直させた音楽家の姿とは対極にあるようで、違和感を覚えた。『泰安洋行』に収められた「Roochoo Gumbo」の歌詞を思い出した。沖縄への情景から始まって、しかしそうして焦がれた地から「あびらんど」、黙れと言われて突き返されるあの歌を。

ヤマトグチは蝶《ア》びらんど
ルーチュー・ガンボ
吾が胸内は知らなそてぃ
ルーチュー・ガンボ
ヤマトゥンチュはいちころさ
その真南風《マハエ》にゃ勝てぬ

Roochoo Gumbo

トロピカル三部作という作品に通底していたのは、主にアメリカから投影されたオリエンタルな視線を引き受け、それを演じかえすことを通じて、いびつで、屈折した細野流のエキゾティシズムを創出するという企図だったはずだ。アメリカという帝国において他者のサウンドとして構築された音楽を、細野晴臣がほかでもないその他者として演奏しなおすことの儚さ、恥ずかしさ、切なさ、おかしさ、照れ、うつくしさ、わけのわからなさ、錯乱性、叛乱性。それがトロピカル三部作を唯一無二のラディカルなプロジェクトにした。

ところが「ヤマトゥンチュ」である細野晴臣が同じ視線を沖縄に対して向けるとき、そこで露わになってしまうのは細野自身の権力性だった。ヤマトゥとルーチュー——あるいはルーチューこそ細野晴臣が生み出した幻想だったかもしれない——という非対称的な構造にあって沖縄の音楽を自分の音楽に組み入れること。ひとつのアルバムの中にあって他のアメリカからの借用物とチャンプルー／ガンボにされたそれは、しかしそんな行為が政治的、文化的に何を示唆するのかということにおいても、その質においても、まったくの別物だった。

「Roochoo Gumbo」の沖縄への一方的な焦がれと衝撃が多分に直接的に表現された歌詞に潜んでいるのは、そんな沖縄からの拒絶である。「ヤマトゥンチュはいちころさ」。冗談めかしてそう歌う細野晴臣は、まさにそのヤマトゥンチュだった。彼はそれをよく自覚していたのだろう。もしかしたら、桜坂劇場の舞台の上の細野晴臣のどこか窮屈そうな姿は、そんな鋭利な拒絶を突きつけられるのを肉体にまだ感じていたからではないか。思い違いかもしれないが、わたしは客席からそう考えていた。

もっとも細野晴臣は、「Roochoo Gumbo」の後も沖縄の音楽にこだわり続ける。『はらいそ』に収録された「安里屋ユンタ」のカヴァー。YMOの一九七九年のアルバム『ソリッド・ステイト・サヴァイヴァー』の中の「ABSOLUTE EGO DANCE」。あるいは、高嶺剛が監督した『パラダイスビュー』でのサウンドトラック。そして、劇歌として作曲された、わたしの大好きな「Roochoo Divine」。細野晴臣の歌っているのか、祈っているのか、唱えているのか、判然としない声は、最良のスピリチュアル・アンビエントと呼びたくなる。

そして『HoSoNoVa』には「Roochoo Gumbo」と対をなすような「バナナ追分」が録音されている。Coccoがコーラスで参加した。この歌の軽やかさには、沖縄に一方的に焦がれる細野晴臣も、その地にただただ圧倒され、しかし拒絶される細野晴臣もいない。海岸と陸地の境目など存在しないかのようにためらいなく海へと入っていって、そのままぷかぷかと海面で揺られている誰かの光景が浮かんでくるような歌。力が抜けていて、あぁ、歌い続けていれば、かかわり続けていれば、いつかこんな音が出せるようになるのだと、「Roochoo Gumbo」にもその先があるのだと、救われるような気持ちになった。

身体が揺れる
世も揺れる
心の外に
飛んでゆく

吹きすさぶ南風
香りは芭蕉の花

バナナ追分

＊＊＊

『HoSoNoVa』がヴァイナル化されたのは、たしか台湾にいたときだった。『Heavenly Music』のＬＰと同時に発売され、二枚とも買った。初めて手にしたレコードだった。でもプレイヤーは持っていなかったので、長い間、実家の物置で眠っていた。

ノースカロライナに越してきて、レコードプレイヤーがとうとう家のダイニングテーブルの隅に設置されたとき、すぐにあの二枚のレコードのことを思い出した。日本から送ってもらい、ドキドキしながら封を開けると、二枚とも盤の端が歪んでいる。いくつもの夏を蒸し暑い倉庫の中で過ごしている間に、反ってしまったのだろう。レコードの反りに刻まれた時間。わたしがどれだけ遠いところにきたのかを否応なく突きつけられるようなレコードの反り。

重たい本をしばらく上に載せておいてみたり、棚の中でレコードとレコードの間にきつく挟んでみたりと、反ってしまったレコードを直すためにいろいろ手を尽くしてみたが、どれも期待していたような効果は得られなかった。波打つ円盤はそのままで、過ぎ去った時間が戻ってこないように、一度曲がってしまった円盤も元には戻らなかった。仕方なくターンテーブルの上に載せて再生してみると、トーンアームが不安定にグァーン、グァーンと一定のリズムで上下運動を繰り返す。荒れた海を小舟で漂っているようで、酔ってしまいそうになる。

縁の反った『HoSoNoVa』の黒い円盤は、それでも、あるいはそれゆえにこそ、わたしの身体の一部のようにも思えて、手元から離せないでいる。

クラシックでしまくとぅば

太平洋をぷかぷかと揺られていたレコードの箱たちが無事、そして随分と長い時間をかけてこの沖縄の離島に到着して、ちょうどいいレコード用の棚が見つからなかったものだから、横に寝かせた本棚をレコード棚として代用しているリビングの光景にも見慣れてきた頃、わたしは圭さんとフィリップに出会った。きれいな金色の髪の毛をした二人は、わざわざわたしがフィールドワークをしている島までフェリーに乗って訪ねてきてくれた。

圭さんは、わたしが育った伊江島の対岸に見える沖縄本島本部《もとぶ》出身のフルート奏者。フィリップは沖縄に移住してきたオーストリア人で、映像作成などをこなす何でも屋さんだった。二人は「ビューローダンケ」という沖縄でクラシック音楽のコンサートやワークショップを企画、運営する一般社団法人を主宰している。もっとも二人が伊江島まで来てくれたとき、わたしはそんなことは知らないで、トマトのパスタを用意して曇り空の伊江島で二人を待っていた。

名護のパン屋でお土産を買ってきてくれた二人は、わたしの作ったありあわせのパスタをずいぶん喜んで食べてくれた。背の高いフィリップは、あのときまともな椅子を持っていなかったわたしたちがとりあえずと思って倉庫から引っ張り出してきた、大昔に父がこの島でやっていた学習塾で使っていた学習椅子に、身を縮こまらせて座っている。ここにきてから量販店で揃えたフォークも彼が持つとおままごとの道具のように見えて、そういえばアメリカで使っていた食器はどれも大きかったなぁ、あっちで食器をもっと買っておけばよかったなぁ、そんなことを言い出せばアメリカから持ってくればよかったと後悔するものはたくさんあるなぁとかと思っていた。圭さんは、瞳をキラキラと輝かせて、何か熱心にしゃべり続けている。颯爽としていて、貴公子然としているが、とても熱い人なのだ。

いわく、ビューローダンケの主催しているワークショップに、オブザーバーとして参加してほしいとのこと。「クラシックでしまくとぅば」という、主に沖縄県内のクラシック音楽の演奏家たちを対象に、オペラやワルツなど毎回テーマを決めて定期的に開いているワークショップ。沖縄アーツカウンシルの助成を受けている。

いやぁ、でも、音楽は好きですが、楽器はできませんし、クラシック音楽については知識も皆無ですし……とわたしがごにょごにょと躊躇していると、圭さんは大丈夫だと言う。

なんでも『それで君の声はどこにあるんだ？』を読んでくれたらしい。伊江島まで来てくれたのもあの本が理由だった。いわく、西洋で育まれたクラシック音楽を沖縄で演奏するわれわれも、自分の声を探しているのだ、と。クラシック音楽もまた言語と似ていて、特定の文化や社会に根ざしている。だから、その表層の音だけを真似しようとしてみても上手く演奏できない。当然、われわれは完全にかれらのようになれるわけはないし、何より自分たちの「しまくとぅば」、つまり沖縄の文化や政治的な状況の中で継承されてきた言語がすでにある。そこに根ざしながら、外国の音楽を演奏するという葛藤や可能性、これが「クラシックでしまくとぅば」というワークショップのテーマの根底にある。だから「それで君の声はどこにあるんだ？」という問いがとても響くのだ、と。

圭さんが熱弁しているのを聞きながら、わたしはわかったようなわからないような中途半端な表情を浮かべていたはずだ。本はたしかに思いがけぬ出会いをもたらしてくれるものだが、圭さんとフィリップが訪ねてきてくれたのは、その中でもとびきり想定外のことだった。クラシック音楽といえば、朝、早く起きた母がかけていたラジオから流れているのを布団の中で寝ぼけ眼で聴いていたり、祖父の家に遊びにいったとき、自分の背丈ほどもあるような巨大なスピーカーから流れているのを聴いたことがあったりと、いずれも幼い頃に漫然と聴いていた印象が強くて、自分からわざわざ選んで聴いたような記憶は少なかった。レコードだって、人から譲ってもらったものを除けば一枚も持っていない。そういうわたしがクラシック音楽のワークショップに誘われる。圭さんは運命という言葉は使わなかったと思うが、そんな不確かな言葉を使うという誘惑に駆られてしまうほど、二人とわたしをつなげていた線はか細く、必然性に欠けるものだった。

それでも、圭さんからの依頼は断れなかった。ワークショップそのものは興味深かったし、沖縄のクラシック音楽の世界という未知の領域への好奇心もあった。ワークショップに参加すれば音楽もたくさん聴けるだろうし、わたしはそこにオブザーバーとしていて、報告書を書けばいいという。観察なら人類学でさんざん学んだことだし——何しろ文化人類学の主要な方法論の一つはパティシパント・オブザベーション、参与観察と呼ばれる——、できないこともないだろう。でも何より惹かれたのは、圭さんとフィリップの佇まいだった。この人たちのワークショップなら、きっとそこは安全な場所なのだろう。わたしは勝手にそう決めつけていた。

そうして圭さんとフィリップは、伊江島の中央から突き出た城山《ぐすくやま》に登るとか登らないとかと楽しそうに話しながら家を去っていき、わたしたちはその年の冬に開かれる予定のワークショップでの再会を約束したのだった。

＊＊＊

わたしがフェリーと高速バスを乗り継いで最初のワークショップの会場に恐る恐るたどりついたのは、二〇二三年十二月のことだった。沖縄に来て二度目の冬。長ズボンにシャツを着ていると、少し肌寒く感じるくらいの沖縄の冬。会場は、浦添のてだこホールの近くにあった。ワークショップのテーマはオペラ。講師にはオペラ歌手の浜田理恵が呼ばれていて、沖縄を拠点に活動する三名のオペラ歌手が受講生として参加していた。

三日間のワークショップは午前中のトークセッションと午後の実技に分かれていて、わたしは主にトークセッションに参加したのだが、文字通り目が点になった。音楽家たちの議論に、プッチーニもカルメンも名前だけしか知らなかったようなわたしが参加したものだから当たり前だろう。話題はオペラの発声法から、日本語とラテン系言語での母音と子音の関係の違い、歌うときの舌の位置や口の動かし方、身体的な構造など多岐に及び、わたしは大げさに首をうんうんと振ったり、ノートに顔をうずめたりして、こちらはわからないなりに議論についていこうとしていますよと示そうと必死だった。

それでも圭さんには、音楽家だけだと勝手に盛り上がってしまうので外の人がいてくれた方がいいんですよと笑顔で言われてしまうものだから、わたしはそんな言葉に甘えて、ワークショップの場に居続けた。音楽家のただなかの異物として。ただただ、音楽家たちの音をつくっていく姿に言葉を失い、数えきれないほどの失敗を繰り返し、そのたびに一つの短い節を歌い直し、そうしているうちに音がはっきりとわかるほどに変容していく様子に驚きながら。音楽は好きだったが、その音楽が形をなしていく背景に、こうした生身の人間が自らの弱さ、ヴァルネラビリティをさらけ出しながら、しかもそれが許容される場が分かち合われていると思い至ったことがあるだろうか、と考えながら。

そのときの報告書には次のようなことを書いた。

昨年一二月一〜三日に開かれた一般社団法人ビューローダンケ主催のワークショップ「クラシックでしまくとぅば」。既にキャリアのあるプロの歌手を集めて行われたワークショップは、しかし、その字面から想像されるような殺伐さ、あらゆる専門性に付き物の冷淡さからは無縁で、むしろアーティストが人間としての弱さを勇気とともに曝け出す場として、それが許容される場として、機能していた。

受講者の一人は、学生時代に歌えていた歌が最近は歌えないと舞台の上で吐露していた。「身体を楽器として成立」させようとしている彼らは、正確無比な機械なのではなく、感情を持ち、さまざまなしがらみ——それは個人的なものであり、構造的なものであろうが──に絡まれ、言語的、肉体的な制限を持ち、歌えないことに悩んでいる。しかし、それでも彼らは歌うことに選ばれてしまったが故に、歌を捨てられない。それは確かにある種の「諦め」で、同時に、彼らは歌うことを愛している表現者としての自分とも、ワークショップを通して出会い直していた。

そんな小さな奇跡を可能にしていたのは講師の面々、渡久地《とぐち》圭をはじめビューローダンケ関係者、そしてプロ・アマ問わず、沖縄のクラシック音楽世界とつながりを持つ一般の見学者の存在だった。ワークショップは、沖縄のクラシックの歌い手を孤立させず、緩やかな共同性の中で彼らの弱さと失敗を共に経験し、それでも歌うことに向けて彼らを後押ししていくためのケアの試みなのだ。

ワークショップが、紛れもなく今の沖縄でもたれたワークショップであったことは、最後に明記されなければならない。それは甘美で切ない恋の歌の最中に、それを遮るようにハーモニーセンターの頭上を戦闘機がドロドロと音を立てて飛んでいったこと以上を意味しており、深く沖縄において自治の空間を確保していくことに関わっている。

まったくの手探り状態で、真っ白の紙を絞るようにして書いた文章だった。

＊＊＊

こうして不恰好にはじまった「クラシックでしまくとぅば」への参加だったが、二度、三度とワークショップに出続けているうちに、いつしかここはわたしの大切な居場所になっていった。

それを深く自覚したのは、二〇二四年の夏に開催された「クラシックでしまくとぅば」のワークショップだった。そのときのテーマはウィーンのワルツ。ウィーン交響楽団の演奏家がゲスト講師として呼ばれ、沖縄県立芸術大学の学生を中心とした即席のオーケストラが三日間の集中的なワークショップに臨む。メインの楽曲としてドイツの作曲家、リヒャルト・シュトラウスの作品である「ばらの騎士」、他にもビューローダンケのディレクターも務める作曲家の三ッ石潤司が編曲した「かぎやで風2・0」、モーツァルトの「フィガロの結婚」の序曲、ヨハン・シュトラウス二世の「美しき青きドナウ」などが取り上げられ、ワークショップ後には那覇文化芸術劇場なはーとでの公演も予定されていた。

わたしの役割といえば、それまでのワークショップと同じだった。劇場の客席やスタジオのパイプ椅子に腰掛けて、オーケストラの演奏を聴くこと。基本的にはただそれだけ。目の前でオーケストラが「ばらの騎士」のフレーズを繰り返している。色とりどりの音が塊になって襲いかかってくる。

わたしは懸命に耳を研ぎ澄まし、ひとつひとつの音を聴き分けようとする。

あれはヴァイオリン、あれはチェロ、あれはコントラバス、あれはトランペット、あれはホルン、あれはトロンボーン。

しかしそんな努力は虚しく、クラシック音楽を聴くために訓練されていないわたしの耳はまた、ひとつの音の塊に支配される。音を聴くのに疲れてしまい、代わりにそこにいる人びとに目をこらす。

最近髪をさっぱりと切ったティンパニ奏者は仕事を掛け持ちしている。顔を真っ赤にしてトランペットを吹き鳴らす、ひとりはヒョロリとした小柄で、もうひとりはガタイのいい凸凹芸大生コンビ。普段は事務職に就いているヴァイオリン奏者。寡黙なヴィオラ弾きは音楽のことになると話が止まらなくなる。沖縄にプロのクラシック奏者は少ない。芸大で学んでいるかれらも、卒業すれば多くが就職していく。各パートに配置されたウィーンからの奏者たちはワークショップが終わるや否や帰路につき、その足で居酒屋へと向かう。難しそうな顔をしてオーケストラの演奏を見つめている三ッ石さんは普段は愉快なことばかり言うし、巨大ないちごかき氷に練乳をたっぷりかけて頬張っている。そして進行役を務めながら、裏方も調整役もホテルやレストランの予約も送迎の手配まで、何から何までを一手に担う圭さんは、忙しそうに会場のあちこちを走り回り、フィリップは撮ったばかりの写真と睨めっこしている。

「ばらの騎士」の弧を描くようなリズムに自然と身体が動くのを感じながら、わたしは深く実感する。この人たちは音楽を愛しているのだな。音楽に捕らえられて、せざるを得ないことを引き受けて。美しいものを生み出そうと、もがいて。何かを共同で表現するということにつきものの葛藤と歓喜、苦味と甘み、終着地点の見えない中、それでも前に進み続けるという豪胆と、演奏に没入して他のすべてをかたわらに寄せるという勇気、そんなすべてがあの空間にはあった。あるいは端的に言って、あそこには人間がいた。人間が人間として存在することを許される場があった。そのすべてが沖縄という地でなされていた。

もしかしたらわたしはかれらの演奏する姿に、文章を書くときも翻訳するときもうんうんと唸るばかりで遅々として筆の進まない自分の姿を重ねていたのかもしれない。あるいは、かれらと数日間、同じ空間で同じ音を聴いて過ごすうちに、かれらのことをわかったようなつもりになっただけかもしれない。そうだとしても、わたしはたしかに、あぁ自分もこの場所にいていいのだなと、変に卑下することも、わかったようなふりをすることも、自分以外の誰かのふりをする必要もないのだなと感じた。あのワークショップはそんな誰にとっても必要な、でも得難い、特別な場所だった。

三日間のワークショップを経て開催された、なはーとでのコンサートは忘れられない体験になった。沖縄でクラシック音楽を演奏するという営為そのものの複雑性を体現するように、プログラムではウィーンのクラシック音楽と、舞踏を含めた琉球古典音楽が並置された。ウィーンの華やかなワルツが演奏された後に、琉球古典舞踏の精緻な緊張が会場を支配する。動と静、音を足していくことと引いていくこと、両者の相違はわたしの耳にも明瞭で、ときにオーケストラの轟音は三線の音を呑み込み、ときに歌三線の細い針のような音がオーケストラの気球のように膨張していく音を突き刺してしまう。

それにもかかわらずコンサート全体の調和が保たれていたのは、きっと西洋の音楽を沖縄で演奏するということの葛藤や権威性に、演奏家の一人ひとりが向き合った結果だったのだと思う。あのコンサートの結合点とも言える「かぎやで風2・0」の編曲を担当した三ッ石潤司は、当日配られたパンフレットにこんな言葉を寄せていた。

すでに完結している琉球古典芸能を取り囲んでいる空気、風土をひっくるめた「沖縄」に、今私個人が投げかけているまなざしというものを音にしてみようと思って努力した結果がこれです。沖縄の人たちが大切な機会を寿ぐために紡ぎ出してきた音と舞踊を取り囲む沖縄の風土を、オーケストラを使って私個人の目で見守ってみよう、という試みです。

沖縄という地に対して、クラシック音楽の権威を振りかざすわけではなく、沖縄の音楽と西洋の音楽を無理に融合させ、琉球風味のクラシック音楽という安直な虚構をつくりだすわけでもなく、すでにこの地で育まれ、愛されてきた歌をもうひとつの音の薄い膜で包み込むように。なはーとのホールにフクギ並木を現前させ、そうして歩いていった先の開けた場所で、舞い踊り、祈るように。そこでは星々と太陽がともに顔を出し、鳥たちが未来を語らい、よくよく耳をすませば、波の音に死者たちの声が混じっているのが聴こえてくる。

わたしは琉球新報にこんな短い記事を寄せた。

8月30日、那覇文化芸術劇場なはーとで開かれた「おとゆいオーケストラコンサートinなはーと」を聴いた。ウィーン交響楽団からのゲストと、沖縄のクラシック奏者を交えた「おとゆい・フェスティバル・オーケストラ」によるウィンナー・ワルツを中心とした楽曲。琉球古典の奏者による歌三線、および舞踊。そして、作曲家の三ッ石潤司によって新たに編曲された「かぎやで風2・0」。彩り豊かな音と命の祝宴に、なはーとの会場は形容し難い、静かで、持続的な熱気に包まれていた。

わたしたちが目撃したのは、おそらくのちにある出来事として振り返られることになるような瞬間、つまり沖縄クラシック音楽が萌芽する瞬間だったように思う。それはぎこちなく、手探りで、中途にあり、しかし決然としていて、可能性の方へと向けて開かれており、うつくしかった。今も、「ばら騎士」のさぁ、踊ってと促されているようなメロディーに、身体が自然と動いてしまう。

この公演は、一般社団法人ビューローダンケが数年にわたり主催してきた「クラシックでしまくとぅば」というワークショップから生まれた。沖縄という地にあって、自分たちのものではないクラシック音楽を演奏することの意味、そこにこのワークショップの中心的な問いがあり、今回の公演はひとつの暫定的な答えであったと言えるだろう。

それは沖縄のクラシック演奏家たちが、逡巡しつつも自らの声を見つけていこうとする実験であり、またその音楽を沖縄という複雑な社会において開いていこうとする試みである。

これから迎える80年目の喪の時にあって、きっとわたしたちはかれらの音楽を必要とするだろう。おとゆいという蕾に露が落ちて花開くのを、ともに証したい。

沖縄のクラシック音楽とは、どんな音をしているのだろうか。その音をわたしはまだよく知らない。沖縄の音楽家たちがしまくとぅばを話すようにオーケストラを演奏するとき、人びとはその音に合わせて踊るだろうか。カチャーシーを踊るように。オーケストラの音はあのオスプレイのほとんどルーレットと化した生と死を告げ知らせるような不気味な轟音と競い合い、あるいはそれを覆い尽くしてしまうだろうか。あたかもこの地も、この海も、この空も人間の命を奪うためにあるのではないというように、あらゆる命を祝うためにあるのだというように。そんな音景は、きっとこの島に生きる誰かが必要とする解毒剤となるだろう。

＊＊＊

そういえば、圭さんにはまだ黙っているのだが、ワークショップへの参加を引き受けたのにはもう一つの理由があった。沖縄本島に仕事で出れば、レコード屋に行けるかもしれない。伊江島にはレコードを買える場所がなくて、わたしはすっかり落ち込んでいた。ワークショップの合間に、レコード屋に行く時間くらいあるだろう。わたしは密かに目論んでいた。

別にはかったわけではないけれど、国際通りにほど近い、那覇の市街地に位置するなはーとの向かいには、「ボンボヤージ」という名の、ビルの間にサンドイッチのピクルスのように挟まれた小さなレコード屋さんがある。「ボンボヤージ」と言えば細野晴臣の『泰安洋行』のジャケットに、そのアルバム名よりもでかでかと英字でBon Voyage co.と記されてあって、わたしはいまだにそれがタイトルの一部なのか、もしそうでないとしたらなんなのかよく理解していないのだけれど、いずれにせよレコード店の店名に「ボンボヤージ」とつけるなら、そこの店主はきっと相当な細野晴臣ファンに違いない。わたしはGoogleマップと睨めっこしながら、そこまで見当をつけていた。

ある日のワークショップが終わったあと、わたしはこっそりなはーとの会場を抜け出して――もっともそんなわたしよりも一足早くオーストリアからの演奏家たちは姿を消していたが――、「ボンボヤージ」に向かった。なはーとの向かいにあるというのはけっして大袈裟ではなく、裏道を一本挟んですぐのところに、レコード屋さんはあった。店内にはレコードがぎっしり並べてある。久しぶりに入ったレコード屋さんだった。マイルス・デイヴィスのレコードを一枚買った。

ドン・コヴェイがシャウトする朝

せっかくの休日だというのに子どもたちは早起きをして、朝から家のいたるところでつむじ風を起こしている。そういう日にのんびりと大人だけ寝ているなんてことは許されず、すぐにお腹空いたとか、ご飯まだとか、あれとってとか、小さな身体のどこからそんな大きな音が出るのだろうかと思うような声で呼ばれてしまう。

眠たい身体を引きずってリビングに行くと、水色の七インチ用のレコードプレイヤーに付属したスピーカーから、昔のごきげんなソウルナンバーが聴こえてくる。六〇年代に活躍したソウルシンガー、ドン・コヴェイの「ワン・リトル・ボーイ・ハド・マニー」というミディアムテンポのニューオリンズ風R＆Bだった。一九六二年に「ザ・ポパイ・ワドル」という曲のB面としてリリースされた。ビルボード・ホット100チャートで最高七十二位を獲得したレコードだという。

曲の冒頭、リズム隊のダダダッという導入に続いてドン・コヴェイがフゥーとシャウトするところが四歳になった次女のお気に入りらしく、トーンアームを操作しては、そこばかりを繰り返し聴いている。

以前はトーンアームの操作に苦労していた彼女も、いつのまにか器用に針をレコードの端に落としていた。次女がアメリカで生まれたときに、長女のために買った七インチ用のポータブルのプレイヤーだった。あれから四年が経ったなんて、信じられない。しかも沖縄にいるなんて。

ドン・コヴェイの七インチのレコードを手に入れたのは、ノースカロライナにいた頃、カーボロのレコード屋だった。ある日のこと、店に行ってみると、入り口に置かれた段ボールの中に大量の七インチのレコードが無造作に放り込まれていた。そこに入っているレコードは無料のはずなので、わたしは店番をしていた赤毛のポールに、これもらってっていいの？　と訊くとポールはもちろん！　と言うので、それから急いで家に帰って、ＩＫＥＡの入らないものなんてないんじゃないかと錯覚するような大きさの青い手提げのバッグを引っ張り出して、もう一度レコード屋に向かい、段ボールの中の大量の七インチレコードをバッグに放り込んだ。

家に帰って数えてみると、二百枚近くの七インチのレコードが袋の中に入っていた。五〇年代、六〇年代、七〇年代の往年のヒット曲ばかりで、知らないアーティストの方が多い。傷が入っていたり、埃がこびりついていたり、落書きされていたりと状態の悪いものがほとんどで、売り物にならなかったのだろう。それでも一枚、一枚、スリーヴに入れればそこそこさまになるもので、わたしはそれを棚に入れておいた。

いつからか、そんな七インチレコードの一部は子どもたちのものになった。スリーヴから引き剝がされ、ときにフリスビーやままごと用のお皿にされそうにもなったが、おおむね水色のプレイヤーの上におさまっている。いつも聴いているわけではないのだけど、ブームがあるらしく、ときどき思い出したようにターンテーブルがまわり始めれば、それから数日は傷だらけの七インチレコードの、せんべいを擦っているような音が家を満たす。

エディ・カノがリプリーズ・レコードから出したラテンジャズの「パンチタ」とか、コニー・スティーヴンスの「ミスター・ソングライター」とか、バリー・マニロウのヒット曲「キャント・スマイル・ウィズアウト・ユー」とか。でも、最後に流れているのはやっぱりどうしてかドン・コヴェイになる——彼のEPを聴きたいとむずがる子どもたちと一緒に、家中のレコードやおもちゃ箱をひっくり返して、ようやくお目当てのレコードを探し当てたことは一度や二度ではないのだから。

ドン・コヴェイがフゥーと叫べば、次女もふざけてその声を真似して、それからまたジリジリと雑音が入って、曲の冒頭に戻ったレコードから再びドン・コヴェイがフゥーと叫ぶ。赤いスイッチをひねって、レコードの回転数を変え、音を遅くしたり速くしたりして遊んでいる。音量だって自在に変えて、リズムに合わせて身体をボールのように弾ませる。そんな愉快な光景を虎視眈々と窺っているのは二歳も近くなってきた三女で、隙あらばプレイヤーのそばまでおぼつかない足取りで駆けていって、赤いトーンアームをガッチリと握りしめては、熟練のDJさながらにレコードに針を擦りつけて遊んでいる。そんな現場が姉たちに見つかれば、直ちに取り押さえられてしまうことは、言うまでもない。なんだ自由そのものじゃないか、わたしは子どもたちを見ながら思う。

あの休日の朝も子どもたちはフゥーと叫びながら、朝ごはんを待っていた。ご飯にする？パンにする？　そう訊くと、長女はどっちも嫌だと言う。

じゃあヨーグルト？　するとうんと答えるので、冷蔵庫からヨーグルトを取り出す。砂糖かけてと言われて、また冷蔵庫に戻る。

次女はパンが食べたいと言う。はちみつとぉ、ハムとぉ、マヨネーズとぉ、きゅうりのサンドイッチがいい。

じゃあ、作るからちょっと待ってよ。

また冷蔵庫を開ける。すると足元からちゅうちゅう！　ちゅうちゅう！　と、学校で教わってきたようにきれいな地団駄を踏む三女の必死の声がする。牛乳が飲みたいのだ。わたしはコップに牛乳を注いで、三女にわたす。こぼさないでねと言うが、そういう言葉にほとんど実効性などないことはわかっている。それから数分後にそらみたことかと牛乳が床に飛び散ってしまったあと、そこを雑巾で拭く際のささやかな慰めになるくらいのことだ。

ごぁん、ごぁん！　今度はご飯が欲しいと三女は訴えている。わたしは冷凍庫からご飯を取り出して、レンジに入れる。きっと三女はふりかけご飯を食べた後に、パンが食べたいと言い出すに違いない。それにヨーグルトも。姉たちが食べているものをすべて食べるまで、彼女の朝ごはんは終わらない。

子どもたちはいつのまにか、どこかの部屋にこもって遊び始めた。わたしはきゅうりを薄く切っていた。それから食パンの耳を切って、片方にマヨネーズ、もう片方にはちみつを塗る。ハムはあったっけと冷蔵庫をまた開ける。遠くの方から、サーサーとラジオのノイズのような音が聞こえる。鳴っているのか鳴っていないのかわからないような、かすかな音。でも、一度気がついてしまえば、耳をすますまでもなく、気にせずにはいられないような音。

何の音だっけ。わたしは一瞬頭を巡らし、すぐに思い至る。レコードだ！

慌てて手を洗って、パジャマの端でごしごし拭いて、リビングのプレイヤーのもとまで走る。案の定、ぽつんと取り残された水色のレコードプレイヤーのトーンアームがジリジリと音を立てながら、赤と黒のCAMEOレーベルのジャケットの側面をトン、トンと規則的なリズムで叩き続けていた。もうドン・コヴェイはフゥーと叫ばない。曲は終わり、メロディもなくなり、それでもレコードはまだ音を立てている。さっきまであんなに踊り歌っていた子どもたちは、もうレコードのことなど忘れてしまって別の世界にいる。

わたしは指に刺さった棘をピンセットで抜くみたいに、レコードの針を上げた。ポンッと柔らかな音がひとつ鳴って、すべての音が消えてしまった。

あとがきにかえて

思いの外、この本を書き終えるまでに時間がかかってしまった。晶文社の編集者の安藤聡さんからウェブ上での連載のお話をいただいたのは二〇二二年七月だったから、もう二年以上も前のことになる。音楽をテーマにと提案してもらい、まぁ音楽なら好きだし、レコードも少し持っているし、何か書けるだろうと浅はかにも気軽に引き受けてしまったのだ。批評家でも、専門家でもないのだから、好きな音楽について好きなように書けばいいだろう、と。

ひとつの指針としていたのは、長田弘が『アメリカの心の歌』で引用していた、ラルフ・エリソンのこんな言葉だった。「音楽の楽しみというのは、いつのときも過去の経験に満ちている。すくなくとも私にとっては、そうだ」。それはわたしにとってもきっとそうで、一枚のレコードには音だけでなく、いろいろな記憶や色や匂いや面影がこびりついている。それはたしかに過去の経験と言っても差し支えないはずだ。音楽と記憶を軸にして、そんなたぐいの経験についてつらつらと書けば、読者の方々に楽しんでもらえるような文章を書けると思った。

主に台湾やアメリカで出会った先生について書いた『それで君の声はどこにあるんだ？』では、こぼれ落ちてしまった体験だ。もっと私的な、報道価値のないほどにささやかで、それでもわたしにとっては重要で、忘れがたい経験たち。音楽やレコードというフィルタを通せば、子どもたちがぽろぽろと落としていったクッキーのかけらみたいに断片的な過去も、ある程度のまとまりを取り繕って書けるような気がした。

事実、「晶文社スクラップブック」での連載は、順調に進んでいったように記憶している。最初の数回は特に苦労することなく、むしろ楽しみながら書けた。でもだんだんと筆が進まなくなった。今では、あの連載がこのように本の形になったことを奇跡みたいに感じている。

言い訳を許されるなら、途中で『母を失うこと——大西洋奴隷航路をたどる旅』の翻訳をしたことが、執筆が遅れた大きな要因になった。同じ晶文社から翻訳させてもらったこの本は、ひとつの言葉を訳すたび自分の身体にもひとつ傷が刻まれていくような経験だったから——しかもそのことに後から気がつくのだ——、とても自分の文章のことを考える余裕はなかった。同様に、レコードもあまり聴けなくなってしまい——それにはこの沖縄の離島の高温多湿や、気軽にレコード屋さんに行けなくなってしまったことも少なからず影響していたのだけれど——、ストリーミングの操作性の軽やかさ、肉体的な重みの欠如にいくどとなく助けられた。レコードを聴くという行為は想像以上に体力と気力を要するものだったらしい。一方、ストリーミングであれば、ボタンをひとつ押してしまえば、あとは延々と音楽を流してくれるのだからありがたかった。その部屋に音が鳴っていることをほとんど忘れてしまうほどに。そんな空間があの翻訳には必要だった。沈黙ではない静かなざわめきに包まれた空間が。

『母を失うこと』の翻訳がようやく終わって、再びレコード・エッセイに向けて気持ちを入れ直そうとしていた矢先、今度はイスラエルによるガザへの侵攻が始まった。また書けなくなってしまった。それまで連載で書いていた文章ですら、悪い冗談のように見えてきた。もっと他に書くべき言葉があるだろう、と。

瓦礫にうずもれた灰をかぶった子どもたちの遺体と、わたしのごく私的な音楽にまつわる――あるいは大瀧詠一であれば「趣味趣味音楽《ミュージック》」と歌うようなたぐいの――記憶。焦土と化した街と、漆黒のレコード盤。そんな二つを比べることはできないし、そうする必要もないことはわかっていたが、かといって何も見なかったようなふりをして、ただ音楽と、そこにこびりついたわたしのほかは知る人の少ない記憶について書き続けることもできなかった。

書くことにせよ、語ることにせよ、今というときに言葉を扱い、それをどれだけ少数の人びとに対してであろうとも届けることができるという特権を持つなら、わたしたちはここに不本意な死者たちのための、未完に終わった生のための、砕け散ったあらゆる命のための空間を捻り出さねばならないと思う。かれらの憤怒に炎を灯すような別の記憶のかたちを。等閑にされた死者たちのケアを。そして何よりも、眼前の暴力に抗う言葉を。

もし言葉が、遠くの地の痛みと死を今ここのわたしたちと関係させようとする試みでなかったとしたら、そんな意思でなかったとしたら、なんなのか。だからヴェトナム戦争最中のジェイムズ・ボールドウィンはあえて言ったのではないか。「爆撃を受けたあらゆる村は、わたしの故郷なのです」と。

かつて戦争を経験し、しかもそのあとに土地を奪われ、銃剣で追い立てられ、それでも自らの人間性を手放そうとしなかったどころか、その内的な地点を根拠として支配を押し返していった人びとが生きた島で生活しながら、かつてモノとして売買された人びとが、その喪失ばかりの歴史と対峙する中で絞り出していった言葉を翻訳しつつ、わたしはパレスチナの地で人びとが「ヒューマン・アニマル」というカテゴリーをあてがわれ、虐殺されていくのを見ていた。そのいずれも、わたしの歴史なわけではないが、わたしが否応なく関係している、関係させようとしている歴史だった。

でも、音楽は？　レコードは？

そう記した上で、わたしはこの本を書き終えようとしている。あの日から一年が経ち、四万五千人以上のパレスチナの人びとが殺されたというときに。「二度と過ちは繰り返しません」という記念碑を百年後の彼の地に見出すことを予感しつつ。そのときには、また別の虐殺が、別の戦争がどこかで進行中なのではないかという予感を振り払えずに。

でも、そんな予感を動かし難い未来として苦笑いとともに忍受したくはない。これが最後であると、もはやこれ以上命がないがしろにされることはないと、子どもたちの未来にはもはや悪いことは起こらないと信じている。少なくとも、それは可能な未来であると。わたしはこの虐殺の条件になっているあらゆるものにもはや何らかの期待をおくことを拒否したいしその完全なる廃絶を求めるが、今ここの希望がまったくなくなってしまったとも思わない。先人たちが残した預言には、別様の未来という可能性の余地が残されていたから。「もはや水はない。次は火だ」と書いたのはボールドウィン。「基地をもつ国は基地で亡び」ると書いたのは阿波根昌鴻《あはごんしょうこう》。しかしそんな滅びの預言は、常に条件つきだった。もし、今、わたしたちがあらゆる手を尽くさないのなら、と。そこに希望がある。

筆が止まったとき、再びこのエッセイを書くようにと促されるきっかけとなった仕事がある。藤本和子が自身のアメリカ生活について綴ったエッセイ、『ペルーからきた私の娘』

が晶文社から復刊されるにあたり、解説の執筆を依頼されたのだ。解説を書くために原著を読んだのだが、これがとてもよかった。出来事未満の日常を書くということが、そういう日々の中で誰の目に留まらなくとも自分が心惹かれていったものについて書くということが、こう書いては身もふたもないけど、大切なことなのだと教えてもらった。

遠くの地の虐殺を止めろと叫ぶことと、子どもたちが走り回る部屋でレコードを聴くこと（もちろんそれはレコードじゃなくたって、音楽じゃなくたっていいのだけど）、これらは二者択一ではなくて、どちらも生きるという営為の大切な一部であり、しかもきっとどこかで繋がっている。

わたしは足元の虐殺の歴史について書き続けたいと思う。かれらがいかに奪われたか、それだけではなくかれらがいかに自らの人間としての存在を摑み取ったか。遠回りかもしれないが、そうやって眼前の禍を根拠地としつつ、そこから浮き出てくる言葉を摑もうとすることでしか、剝き出しの暴力を被り続ける世界の隅々の地と関係する方法はないのではないかと思っている。

『ペルーからきた私の娘』を読んだ直後に書いたのが、カリフォルニアのバークレーに住んでいた頃に出会ったジョンとドクターQについての文章だった。はるか昔に出会った二人の姿を思い出した。人間を書いてみればいいのかと腑に落ちた。別の人たちのことも浮かんできた。ニューヨークにいた頃、働いていた日系教会で出会った人たちだ。メキシコからの移民のフランシスコ、黒人女性のシーラとアントワネット。みな、それぞれに、あのときの狂気――それはトランプが最初に大統領に就任した二〇一七年にはっきりと可視化された、しかしそれ以前から脈々と続いていたアメリカの狂気とでも言えるものに収斂していくのだが――を、生きのびようとしていた。真っ暗な部屋をうろうろして、難解な単語を呪文のようにつぶやいて、住む場所を転々と、動き続けて。世界はかれらにいつも優しいというわけではなかったから。

わたしがレコードを聴いていたのも、結局は似たような理由からだったのだと思う。ときにあまりに残酷で醜悪な世界から身を隠すため。閉ざされた内密の空間で生を実験するため。歌ってみたり、踊ってみたり、もうひとつの世界を、ありえたかもしれない今を想像したりして。もちろんそういう行為は珍しくも何ともないし、レコードは片面二十分足らずで終わってしまうのだけれど。そしたらまた針を落とせばいい。そうしている少しの間、この世界をかたわらへ寄せて、別の世界へ、あるいは別の惑星へ、月でも火星でも過去でも未来でも、ここではないどこかへまぎれ込む。

この本を書き終わる頃になって、わたしはずっとそんなとるに足らぬ、目につきにくいサークルについて書いてきたのだと思い至る。人を殺すのではなく、生かすサークル。生きのびるということに不可欠な自治の空間。すべてを忘れて踊るというささやかなアナーキー。誰にも介入されることのない、けれども一人きりでもないところ。そこでは生が分かち合われ、わたしという存在を偽る必要も、繕う必要もない。

きっと誰にでもそんな奥まったサークルがあって、それを深い海の闇の酸素ボンベのようにして生きているのではないだろうか。そして少なくともわたしにとって、そんな空間にはいつも音楽があって、にぎやかな音色で世界のうつくしさを思い出させてくれた。ちょうどあの黒人神学者のブルーな部屋に、アレサ・フランクリンの歌声が響いていたように。あるいはボールドウィンがスイスの寒村で、ベッシー・スミスの二枚のレコードで武装していたように。わたしが近頃よく思い起こすのは、そんなかれらの姿だ。

この本を読んでくださった皆さんそれぞれが生きのびるために持続させてきた内密のサークルが、どうか守られますように。そう願っている。

＊＊＊

多くの方々の助けがなければこの本は書けなかった。行く先々でわたしをサークルに招き入れ、それが閉じられているが、けっして排他的なのではないことを教えてくれたすべての人びとに心から感謝している。

連載時から原稿を辛抱強く待ち続けてくださった安藤聡さん。『母を失うこと』の編集を担当してくださったのも、『ペルーからきた私の娘』への解説の執筆依頼をくださったのも安藤さんだった。校正を担当してくださった牟田都子さん、装幀を担当してくださった有山達也さん、大野真琴さん、装画を描いてくださったワタナベケンイチさんにも感謝を。

台湾、バークレー、マンハッタン、チャペルヒル、沖縄で出会った多くの友人たち。もしこのうちの一人でも知らないままだったら、この本はありえなかっただろう。

たくさんの音楽を聴かせてくれて、わたしの知らないアーティストを教えてくれて、その上レコードを気前よくわけてくださった皆さん。宮本さん、弦くん、有山さん、ありがとうございます。またレコードを聴かせてください。

いつでも居場所を与えてくれる滋賀と岐阜の家族。特にこの本の執筆中に亡くなったおばあちゃんとおじいちゃんのことを思う。いなくなってしまってとてもさびしい。また本が書けたよと、報告したかった。

最後に、この本で書いたすべての場面をともにしてくれた、ももこと子どもたち。一緒にレコードを聴いてくれたこと、レコードがまわるみたいにくるくると踊ってくれたこと、新しい歌を教えてくれたこと、ありがとう。

二〇二四年十一月、クリスマスソングが季節外れに聴こえるようなこの島で

註

23

アラン・トゥーサンと過去をかたわらに寄せることの勇気について

ジェスミン・ウォードの『骨を引き上げろ』　ジェスミン・ウォード『骨を引き上げろ』石川由美子訳、作品社、二〇二一年、二九五頁。

28

ライ・クーダーとチャイナタウンのアパートの屋上から見えた月

「極めて突飛な三匹」　https://www.theguardian.com/lifeandstyle/2007/feb/18/shopping.popandrock

35

ガーデニングをするようなこと　Marc Augé, *Oblivion*, University of Minnesota Press, 2004, p17.

38

「閉所恐怖症のような」　ジェームズ・ボールドウィン『アメリカの息子のノート』佐藤秀樹訳、せりか書房、一九六八年、七〇頁。

46

レオン・レッドボーンとはじめてのレコード・プレイヤー

ヴァン・ダイク・パークス　細野晴臣を聴き始めてすぐ、ヴァン・ダイク・パークスのことを知った。『ディスカバー・アメリカ』というアルバムは、今でもときどき聴くほど、好きなアーティストの一人だ。そういえば、バークレーに住んでいた頃、ヴァン・ダイク・パークスのライブに行ったことがある。『ディアレスト・エヴリバディ』という素晴らしいアルバムがあるイナラ・ジョージ（父親はリトル・フィートのローウェル・ジョージだ）が共演していた。セットリストは、ヴァン・ダイク・パークスがプロデュースしたイナラの楽曲が中心で、それに彼のソロアルバムである『ジャンプ！』からの曲がいくつか演奏された。バレエ・ダンサーがそれぞれの曲に合わせて踊り、コンサートそのものが一つの演劇として完結しているような、幻想的なパフォーマンスだった。一緒に見にいったももこは、今でもあれ以上のライブは見たことがないと言う。

57

メイヴィス・ステイプルズを聴きに501に背を向ける

ボールドウィンが甥への手紙　『次は火だ』の冒頭に置かれた「私の土牢は揺れた」という、ボールドウィンが甥へ宛てた手紙は、ボールドウィンの書いたものの中でももっともうつくしい文章の一つだが、そこで彼はこの聖書箇所に触れている。「君は連綿と続く偉大な詩人の血を、ホーマー以来の偉大な詩人の血をひいているのだ。その詩人の一人は言った。『私がもうだめだと思ったまさにその時、私の土牢は揺れ、私の鎖がはずれた。』」（ジェームズ・ボールドウィン『次は火だ――ボールドウィン評論集』黒川欣映訳、弘文堂新社、一九六八年、九頁）。これは黒人霊歌からの引用であり、同じ黒人霊歌をキング牧師が「私には夢がある」の演説の中で引用しているのは、偶然ではないだろう。

59 **過去を燃やし尽くす**　Trinh T. Minh-ha, "Grandma's Story", *The Woman That I Am*, ed. D. Soyini Madison, St. Martin's Press, 1994,p. 465.

59 **キリスト教信仰の言葉**　メイヴィスはシカゴのサウスサイドのトリニティ・ユナイテッド・チャーチの教会員だ。公民権運動後のアメリカで、コーンの神学を教会の現場で実践したジェレマイア・ライトが、かつて牧師を務めていた教会である。オバマ元大統領もこの教会に通っていて、ライトに結婚式の司式をしてもらったり、自分の自伝のタイトルを彼の説教から引用したりとかなり関係が深かったが、結局大統領選に出馬する中でラディカルなライトとの関係が問題視されるようになると、あっさり関係を切ってしまった。

　メイヴィスの父であるポップスの死後、彼のギターなしで歌うことに自信と意義を失っていたメイヴィスを励ましたのは、姉でマネージャーのイヴォンヌとジェレマイア・ライトだったという。その後、メイヴィスは『ドント・ルーズ・ディス』というアルバムで、ポップス・ステイプルズが残したギターの音源に歌を吹き込んでいる。「これ、なくすなよ」と父からテープを渡されたという。わたしがポップスのギターを聴いたのは、この名盤が初めてだったかもしれない。

59 **「主がわたしをこれまで」**　Greg Kot, *I'll Take You There: Mavis Staples, the Staple Singers, and the Music That Shaped the Civil Rights Era*, Scribner, 2014, p.265.

62 **どれもシンプルなメッセージで**　Mavis Staples, We're gonna make it, *You Are Not Alone*,

2010.

62 「本質的な簡素さ」 *I'll Take You There: Mavis Staples, the Staple Singers, and the Music That Shaped the Civil Rights Era*, p.267.

ハービー・ハンコックとアメリカで車を売ること

72 マイルスは最大の賛辞を　マイルス・デイヴィス／クインシー・トゥループ『マイルス・デイヴィス自伝』中山康樹訳、シンコーミュージック・エンタテイメント、二〇一五年、三三五頁。

72 「あらゆるジャズは」『次は火だ——ボールドウィン評論集』、三四頁。

ドニー・フリッツと自由の瞬間

74 ニューヨーク・タイムズ紙の追悼記事　https://www.nytimes.com/2019/08/29/arts/music/donnie-fritts-dead.html

75 別のインタビュー　https://www.motherjones.com/media/2015/10/interview-donnie-fritts-oh-my-goodness-kris-kristofferson/

78 博士課程の半ばに訪れる関門の試験　これはコンプ——Comprehensive Exam、総合試験の略だ——といって、アメリカの大学にいる博士課程の学生に恐れられている。大学ごとにやり方は異なっているが、わたしが属していたノースカロライナ大学チャペルヒル校の人類学部では、自分の専門を三つのテーマにわけ、それぞれに五〇の本や論文、合計で一五〇の文献を用意し、文献リストを指導教授をはじめとするコミッティーの面々に提出すると、かれらが試験問題をつくってくれるという仕組みだった。五つくらいの問いがあって、丸々二日、あるいは三日という時間が与えられ、その間部屋にこもって論文形式の解答を書く。それから口述試験があって、その両方に合格すれば晴れてABD、つまりall but dissertationという博士論文を残すのみの身分となり、博士論文の執筆に専念できる。こうして字面だけを見てみると拷問のようだし、事実わたしもそのように感じていたが、コンプの試験は指導教授などに合格できると判断されるまでは受けることができないとも実しやかに噂されていて、つまり裏を返せばよほどのことがなければ不合格になることのない類の試験なのかもしれない。まぁこれも大学ごとに違うのだろうが。とにかくこの試験を受けた数日間は、わたしのアメリカ生活の最大の山場であり、何度も悪夢を見た。

79 「分散に抵抗する戦い」ヴァルター・ベンヤミン『パサージュ論V』今村仁司・三島憲一他訳、岩波書店、一九九五年、一三七頁。

ビートマスとレコードのないクリスマスについて

83 「十一月も終わりに近い朝」トルーマン・カポーティ『クリスマスの思い出』村上春樹訳、文藝春秋、一九九〇年、六頁。

91　**クリスマスのボイコットを訴えた**　当時配られたパンフレットからの引用。次より。
https://findingeliza.com/archives/15827

『アメイジング・グレイス』を探して

106　**「悪魔のリズム・セクション」**　デイヴィッド・リッツ『アレサ・フランクリン　リスペクト』新井崇嗣訳、シンコーミュージック・エンタテイメント、二〇一六年、二六九頁。

107　**彼の黒人教会についての言葉**　『次は火だ――ボールドウィン評論集』、二六頁。

111　**「人生のなかにもぐりこみ」**　ニック・ホーンビィ『ハイ・フィデリティ』森田義信訳、ハヤカワepi文庫、二〇二二年、八〇頁。

112　**レコードに対する懐疑**　ナット・ヘントフ『ジャズ・カントリー』木島始訳、講談社文庫、一九七六年、三五頁。

フランシスコのサンクチュアリ

118　**「死と隣合わせの地」**　Jason De Leon, *The Land of Open Graves*, University of California Press, 2015. 本書は、米国におけるアンドキュメンティド、つまり書類を持たない移民たちを描いた民俗誌の傑作である。

124　**「ソウルを救うのに必要なささやかなこと」**　Noname, Yesterday, *Telefone*, 2016.

129 **黒いキリスト、メアリー・ルー・ウィリアムスを記念して**

メアリー・ルー・ウィリアムスは　ウィリアムスについては次を参照。

https://www.womenshistory.org/education-resources/biographies/mary-lou-williams.

Gayle Murchison, Mary Lou Williams's Hymn Black Christ of the Andes (St. Martin de Porres): Vatican II, Civil Rights, and Jazz as Sacred Music, *The Musical Quarterly*, Volume 86, Issue 4, WINTER , pp.591–629, 01 December 2002.

https://jazztimes.com/features/profiles/mary-lou-williams-mother-of-us-all/

https://www.marylouwilliams.foundation/about

130 **誰かがくるかもしれないから**　https://www.nytimes.com/1981/05/30/obituaries/mary-lou-williams-a-jazz-great-dies.html

131 **「悪魔とは赤いドレスを着た女のこと」**　Mary Lou Williams, The Devil, *Black Christ of the Andes*, 1964.

136 **アンビバレントな役割**　Gayle Murchison, p603, 604.

豚舎と詩人

147 **土がほれない**　石原弦『聲』あさやけ出版、二〇二〇年、三二頁。

153 **六月の夜のレコード**　『聲』、九六～九七頁。

154 くちばし　石原弦『石』あさやけ出版、二〇二〇年、三一頁。

レコードにまつわる抜き書きのアーカイヴ、あるいは百年目のボールドウィンへ

157 「二枚のベッシー・スミスのレコードとタイプライター」『次は火だ――ボールドウィン評論集』、一〇一頁。

157 「映画館もなければ銀行もなく」『アメリカの息子のノート』、一八六頁。

159 「階下で誰かの蓄音機が」ジェイムズ・ボールドウィン『山にのぼりて告げよ』斎藤数衛訳、早川書房、一九六一年、二二五頁。

160 「筆を握っているときは」ジェイムズ・H・コーン『誰にも言わないと言ったけれど――黒人神学と私』榎本空訳、新教出版社、二〇二〇年、六七頁。

161 「そうでもしなければ私は」『誰にも言わないと言ったけれど』、三〇頁

162 「アレサ・フランクリンのレコードに合わせて」ジェームズ・ボールドウィン『巷に名もなく――闘争のあいまの手記』橋本福夫訳、平凡社、一九七五年、一八四頁。

164 「わたしはマーティンのことで」『巷に名もなく――闘争のあいまの手記』、一八九頁。

165 「この時代の雰囲気を再現するために」Toni Morrison, *Jazz, Vintage International*, p7.

166 「シティに春がめぐってきたとき」トニ・モリスン『ジャズ』大社淑子訳、ハヤカワepi文庫、二〇一〇年、一四頁。

166 「シティのその地域では」『ジャズ』、七六頁。

167 **ルイ・アームストロングについて** 『アメリカの息子のノート』、一〇四頁。

170 **「僕は音楽の中に入っていった」** James Baldwin, "The Price of the Ticket," *Collected Essays*. ed. Toni Morrison, The Library of America, 1998, p.831.

170 **「そんな啓示は」** リロイ・ジョーンズ『ブルース・ピープル 白いアメリカ、黒い音楽』飯野友幸訳、平凡社ライブラリー、二〇一一年、八頁。この新版への序文を教えてくださった編集者のT・Aさんに感謝。

171 **「子どもの頃」** サイディヤ・ハートマン『母を失うこと——大西洋奴隷航路をたどる旅』榎本空訳、晶文社、二〇二三年、九頁。

172 **「あきらめちゃないが」** 折坂悠太、「悪魔」、『心理』。

173 **「車の軋るような響きを」** ラルフ・エリスン『見えない人間 下』松本昇訳、白水uブックス、二〇二〇年、一九九〜二〇〇頁。

174 **「記録にとどめられているのは」** 『見えない人間 下』、一九四頁。

175 **「たしかに私も」** James Baldwin, "The Last of the Great Masters," *Collected Essay*, p.772.

178 **ベル・フックス** bell hooks, *Art on My Mind: visual politics*, The New Press, 1995, pp.54-64.

細野晴臣を聴いていた夜のこと

181 **アディオス、フェアウェル** 細野晴臣、「はらいそ」、『はらいそ』。

184 **ローズマリー、ティートゥリー** 細野晴臣、「ローズマリー、ティートゥリー」、『HoSoNoVa』。

187 **「大音量戦争」** ラルフ・エリスン『影と行為』行方均・松本昇・松本一裕・山嵜文男訳、南雲堂フェニックス、二〇〇九年、二一九頁。

192 **Roochoo Gumbo** 細野晴臣、「Roochoo Gumbo」、『泰安洋行』。

195 **バナナ追分** 細野晴臣、「バナナ追分」、『HoSoNoVa』。

クラシックでしまくとぅば

202 **「昨年一二月一〜三日に開かれた」** 「沖縄の歌い手と共に経験」沖縄タイムス、二〇二四年二月二日。

208 **「那覇文化芸術劇場なはーとで開かれた」** 『おとゆいオーケストラコンサートinなはーと』を聴いて」琉球新報、二〇二四年十月十六日。

あとがきにかえて

218 **「音楽の楽しみというのは」** 長田弘『アメリカの心の歌』岩波新書、一九九六年、一〇頁。ここでの引用は長田の私訳である。行方均他訳では本箇所は次のようになっている。「たぶん音楽を聴いて楽しいときは、いつだって過去の経験が蘇って心が満たされている。少なくとも私にとって、それが真実だ」(「音楽のある生活」『影と行為』、二二〇頁)。

＊本書は、「晶文社スクラップブック」（http://s-scrap.com/）の連載「B面の音盤クロニクル」を大幅改稿し、書き下ろしを加えたものです。

榎本空（えのもと・そら）

1988年、滋賀県生まれ。沖縄県伊江島で育つ。同志社大学神学部修士課程修了。台湾・長栄大学留学中、C・S・ソンに師事。米・ユニオン神学校S.T.M修了。文筆家、翻訳家。伊江島の土地闘争とその記憶について研究している。著書に『それで君の声はどこにあるんだ？——黒人神学から学んだこと』（岩波書店）、翻訳書にジェイムズ・H・コーン『誰にも言わないと言ったけれど——黒人神学と私』（新教出版社）、サイディヤ・ハートマン『母を失うこと——大西洋奴隷航路をたどる旅』（晶文社）がある。『母を失うこと』で第十回 日本翻訳大賞受賞。

音《おん》盤《ばん》の来《らい》歴《れき》

針を落とす日々

2025年3月15日　初版

著　者　榎本空
発行者　株式会社晶文社
〒101-0051
東京都千代田区神田神保町1-11
電話　03-3518-4940（代表）・4942（編集）
URL　https://www.shobunsha.co.jp
印刷・製本　中央精版印刷株式会社

ISBN978-4-7949-7463-1 Printed in Japan